鎌田式

「にもかかわらず」という生き方

鎌田 實

宝島社新書

はじめに

先行きの見えない不安な時代と言われて久しい。しかし、そんな苦境に差し掛かった時代だからこそ、逆境や困難をプラスに転化する「にもかかわらず」という考え方こそが役に立つと思った。だから、2020年に刊行したエッセイ集に、新たに3つのエッセイを書き下ろして、新書のかたちで世に問うことにしたのだ。

今や新型コロナウイルス感染症は5類に引き下げられ、かつての日常が戻りつつある。しかし、社会は未だ不安のなかにあると言わざるを得ない。日経平均の株価は、バブル後の最高値を更新し、「令和の株バブル」とまで称されている。とはいえ、それが果たして日本社会全体を潤しているかというと、そうした実感を持てない人が、実は大半なのではないか。ウクライナ戦争を契機に、物価は上がり続け、家計を苦しめている。こうした物価変動を加味した試算では、日本人の実質賃金はずっと下がり続けている。物価高の次は、増税だ。緊張が高まる東アジアの情勢から、防衛費の増額を現内閣は打ち出している。その他の社会保障改革、税制改革のためにも、一部の財源を増税で賄うという。株価は上がっても賃金は上がらない。そして、賃金が上がらないのに、物価は高くなり、税金も上がる。

2022年から続くウクライナ戦争も未だ、終結を見ない。つい先頃では、フランスで移民による暴動が起きたという。

国内外で、さまざまな困難がある今だからこそ、逆境を好転させ、苦難をバネにして乗り越えようとする、「にもかかわらず」の思想がきっと意味を持つのではないだろうか。本書が困難な時代を生きる人たちの一助になることを願ってやまない。

鎌田　實

目次

第1章 高齢になったにもかかわらず……005
第2章 病気になったにもかかわらず……055
第3章 体が衰えたにもかかわらず……109
第4章 お金に悩んでいるにもかかわらず……141
第5章 人は死ぬにもかかわらず……179

※本書は2020年に刊行された鎌田實『鎌田式「にもかかわらず」という生き方』の内容を加筆・修正し、新たなエッセイを追加した増補新書版です。登場する人物・団体、日付や数字などは2020年旧版刊行当時の情報に基づきます。

参考文献　ショーペンハウアー著、橋本文夫訳『幸福について――人生論』新潮社
アラン著、神谷幹夫訳『幸福論』岩波書店
田原総一朗、田原節子著『私たちの愛』講談社
講談社MOOK『週刊現代別冊　おとなの週刊現代 2020 Vol.1　クスリの危ない飲み方・選び方』講談社
講談社MOOK『週刊現代別冊　おとなの週刊現代 2020 Vol.2　死後の手続き2020年改訂新版』講談社
講談社MOOK『週刊現代別冊　おとなの週刊現代 2020 Vol.3　最後に暮らす自宅の決め方』講談社
e-book『大人のおしゃれ手帖特別編集 親の看取り』宝島社
TJ MOOK『「平穏死」の真実と準備』宝島社

第1章

高齢になったにもかかわらず

01

新しい人間

60歳になって老人になる前に、まず「新しい人間」になろうと思った。

定年後の再就職の現場で

63歳の女性Ｋさんから、相談を受けた。

彼女は60歳までサラリーマンをしていた。給料はあまり高くなかったようだが、やりがいのある仕事だったらしい。定年退職をしてから介護の勉強を始め、介護施設に再就職して、驚いたという。

職場の空気が悪い。介護従事者が集まって雑談になると、決まってその場にいない仲間の悪口大会。仕事が遅い、責任感がない、と批判するのである。さらには困った年寄りがいると、入居者の悪口にもなるのだという。

その雑談に入らないと白い目で見られる。きっと自分のいない時にはこうやって批判されているんだと思うと耐えられない。辞めようと思っている、という相談だった。

素晴らしい理念を持って職員が生き生きと働いている介護施設は多いのだが、オーナーや施設長があまり口を出さずに現場任せにしていると、パワフルなおばさん介護士が自分の帝国をつくってしまうことがある。

人はなぜ悪口を言うのか

仕事がきつい職場では、そこで働いている人たちが劣等感を持ったり、ネガティブな意識に陥ったりしやすい。それを拭うために誹謗《ひぼう》中傷が起きやすくなり、人を蔑んで、自分のほうが高い位置になるように、自分を守ろうとする。

この考え方の問題は、人を蔑むことで、自分との譲歩協定をつくっていること。自分が人間としてのクオリティーアップをしようとせず、自分より下の人間をつくろうとしているだけなのだ。

これは学校でのいじめの構造でも同じだ。家庭でも職場でも、地域の中でも起こりやすい構造であることを理解しておくことが大切だろう。

悪口を言う人は、必ずどこかで悪口を言われている。だが、人を褒めていると、必ずどこかで回り回って褒められている。悪意には悪意の波が、好意には好意の波が返ってくる。

Kさんには、まずじっくりと勉強して、自分のパワーを蓄えるように言った。そして、入居者の中でいい活動があればそれを互いに評価し、看護師が的確なサポートをしてくれた時にはみんなで感謝をする。介護士同士もできるだけ、ちょっとしたいい面をリスペクトし合い、悪口を言わない仲間づくりをするようにアドバイスをした。

3カ月ほどして電話がかかってきて、徐々に改善していると報告してくれた。

どんなに厄介な人でも、困った組織でも、こちらが1パーセント変わってみると、信じられないような変化が起きることもあるものだ。

人生は波だ

人生は、波でできていると考えている。僕は、そうやって生きてきた。子どもの頃、貧しくて旅行などどこにも行けなかったが、必ずいい波が来て、世界中を飛び回れるはずだと思っていた。

累積赤字4億円の病院に赴任した時にも、波だと思った。今は下向きでも、いずれいい波が来て、みんなが生き生きと働けて、地域から評価される病院になるはずだと。

これが鎌田の波理論である。

60歳になって、「老人」とか「高齢者」と、レッテルを貼られる前に、「新しい人間」になろう。

革命家のチェ・ゲバラは、キューバで大臣になった。大臣にもかかわらず、土日を利用して農場に行き、ボランティアで汗を流していた。

「社会を変えるためには一人一人が『新しい人間』にならなければいけない」と、ゲバラは言った。

僕は、この言葉をかっこいいなと思っている。老人になるよりも、「新しい人間」になるって、なんだかかっこいい感じがして、自分に言い聞かせている。

60歳からでも人は変われる。

02

誰かのために生きる

何もかもうまくいかない。
にもかかわらず、
「誰かのため」だと、人は生きられる。

人のために何かすれば生きるエネルギーが湧く

東日本大震災が起きた後、被災地である東北の沿岸部の支援を続けている。70歳ぐらいだろうか。海辺ではるか沖のほうを見ている漁師に出会った。一緒に海を見ていると「せめて船だけでも残っていたら、生きていけるんだけどなあ」と、呻《うめ》くように声を出した。

彼は、家族も家も、そして船も失っていた。

人間は何か一つでも残っていれば、それを拠《よ》り所に生きて、再び立ち直ることができる。漁師は船さえあれば海に出て、何も考えずに漁をすることで、ほんの少しでも悲しみを癒やすことができるだろう。

だが、彼には何もない。絶望的だ。周りの人間がどうしてあげることもできない。

しばらくして、避難所でこの漁師に再会した。彼は生き生きと飛び回っていた。「どうしたんですか？　変わりましたね？」と声をかけると、彼はこう言った。

「みんな優しい声をかけてくれる。でも、ちっとも楽にならないんだ。手が差し伸べられるのを待ってちゃダメだと気がついた。この避難所にいるのは、家を流された人ばかり。家族を亡くした人もいる。仕事を失ってしまった人も多くいる。みんな地獄なんだ。そのことに気がついた。

いくら落ちても大丈夫

避難所の役員たちに掛け合って、支援物資を整理する仕事や食事の介助が必要な人を手伝わせてもらってる。注意して見ると、してあげたらいいことが、いくらでもあることに気がついたんだよ。

以前は朝が来ても、体育館の薄っぺらいマットから起き上がれなかった。その時は心も体もどんどん下降線。でも今は、目が覚めたら、とにかく余計なことは考えずに、起き上がって体操してる。まだ元気が出ない人たちに声をかけて歩くようにしたんだよ。

そんなことをしていたら元気になってきたんだ。人間って、不思議ですね(笑)」

坂口安吾が『堕落論』の中で、人は落ちても落ちても、それほど落ちられるものではないと言っている。

すべてを失《な》くしたように見えても、自分の気がついていない可能性がいっぱいある。それは、70歳になっても80歳になっても変わらない。すべてうまくいっていないにもかかわらず、人は人のために何かをしているうちに、もう一度、生きるエネルギーを蓄えることができるのだ。

03

高齢にもかかわらず起業する

人生を最後まで豊かに面白く生きるためには、自分流のフィロソフィーが大事。

仕事をするから元気になる

起業して、そのビジネスを軌道に乗せるのはとても大変なこと。ましてや高齢者が起業するのは、なかなかの困難を伴うと思う。

高齢者の就業斡旋《あっせん》をしている、その名も〈株式会社高齢社〉には、1041名もの登録社員がいて、その平均年齢が70・9歳。ガス機器の点検業務や名刺印刷などを主な業務とする高齢者の人材派遣業だ。本社スタッフは28名で、こちらの平均年齢が64・8歳。2000年創業時の資本金が1000万円で、2019年の売り上げが約7億円。なかなか大したものである。

創業者の上田研二さんとは、雑誌の対談でお会いして以来、何度かお話を伺っている。

「定年後の男性は、家でゴロゴロしていれば家族から邪魔にされ、散歩に行こうとすれば日に何度も付き合わされるから犬にも嫌われる」

と冗談を言う。

そんな高齢者に働く場と生きがいを提供しようというのが、事業理念だ。上田さん自身も、パーキンソン病に苦しんでいた。

「元気だから仕事をするのではなく、仕事をするから元気になる」と上田さんは言っていた。

名言だと思う。

高齢になっても働く場があるということは、収入以外にも大事な意味がある。働くことは心身の健康につながり、生きがいが生まれ、人との絆《きずな》を感じることができる。ボランティア活動でも生活の満足感は得られるが、男性の場合には少額でも収入があったほうが、満足度が高いという研究調査結果もある。

自分流のフィロソフィーを持つ

僕が移住した46年前には脳卒中の死亡率が全国2位という不健康県だった長野県が、健康づくり運動によって平均寿命日本一になった。国民健康保険中央会という組織が研究班をつくり、なぜ短期間で平均寿命1位になったのかを調査している。

野菜を日本一食べるから、よく運動するから、そんな要因が見つかるかと思っていたら、統計的にもっとも有意なのは、高齢者の就業率が日本一高いことだと分析された。

小さな農業に従事する高齢者が多く、マイペースで働き続けられることが寿命を延ばしていた。

〈株式会社高齢社〉のように、何らかの形で働く場と生きがいが得られるようなシステムが全国にたくさんできれば、日本の長寿の質も高くなるに違いない。

上田さんは、ユーモアの人でもあった。

「つまるところ、教育と教養なんだ」と言い、僕がぽかんとしていると「年を取っても、きょう行く所があることと、きょう用事があるかどうかが大事なんだ」と言って笑った。

それが上田研二流の教育と教養。

〈株式会社高齢社〉の事務所には、自由に開けていい冷蔵庫があり、ビールが冷えている。仕事を終えて帰ってきて、居酒屋にも焼き鳥屋にも行かず、仲間と一杯飲んでうちに帰る。

幸せな一日というものだろう。みんなが気持ちよく働けるように目配りがされている。

高齢にもかかわらず起業をした上田さんの会社には、自分の人生経験を上手に使った、フィロソフィーが行き渡っていた。

上田さんは、自分が立ち上げた〈株式会社高齢社〉を後輩たちにバトンタッチしている。

ビジネスを起業しなくとも、人生を最後まで豊かに面白く生きるためには、自分流のフィロソフィーが大事。

上田さんから、そんなことを学んだ。

04

世界最高齢のプロDJ

一生に一度だけの人生。
やりたいことをやらなけりゃ、
生まれてきた意味がない。

オーバー60歳は女性が一人で輝くための時間

60歳からの輝く人生を応援する団体が、毎年表彰している「プラチナエイジスト」に、恥ずかしながら企業家・社会貢献部門で選ばれてしまった。ザ・ペニンシュラ東京で表彰式が行われ、新型コロナウイルスが暴れていたためにトンボ帰りだったが、久しぶりの東京へ出た。ベストプラチナエイジストにはピンク・レディーの二人と米米ＣＬＵＢのリード・ボーカル、石井竜也さんが選ばれていて、おお、彼らも60歳を超したのかと感慨深く思った。一般部門で受賞したのが、ＤＪのＳＵＭＩＲＯＣＫ。彼女とは久しぶりの再会だった。

僕は好きなことをして生きていると自負しているが、この人には負ける。彼女は83歳と１１３日で、世界最高齢のプロＤＪとして、ギネスに認定されている。

4年ほど前、大王製紙がシニアのためのスポーツパンツを開発した際に、テレビコマーシャルをつくった。人生を前向きに生きている70歳から80歳の高齢者が集まって、紙パンツをはいてみんなで踊るシーンがあったのだが、そこでSUMIROCKがディスクを回したのだ。よく覚えている。かっこよかった。

彼女は、年を取ってから海外へ遊びに行くようになり、友人もできた。そのうちに外国人のDJが下宿人としてやってきて、その際に人生で初めてクラブに連れて行ってもらい、DJに興味を持ったという。

この辺の出会いが何とも面白い。

なんと77歳の時にDJの学校に行って、ターンテーブルの前に立つようになった。現在、85歳。今でも弟と経営する高田馬場の『餃子荘ムロ』の厨房で中華料理をつくった後、夜中の1時から歌舞伎町のクラブへ行ってDJをしている。とにかく、かっこいい。

本名は岩室純子。純子のすみと岩室の岩を取って、SUMIROCK。25歳年上の男性を好きになり、恋人関係で20年過ごした後、結婚した。恋人はいたほうがいいと思うけれど、結婚はそれほど必要ではないと考えていたようだ。

夫が亡くなった後に免許を取ったり、外国へ旅をしたり。こうやって自由に生きている人はいいなと思う。オーバー60歳は、女性が一人で輝くための時間だ。

せっかく生まれてきたんだから、もしもやりたいことがあるならば年齢なんて気にせずにやってみればいい。なんとかなるもんだ。一生に一度だけの人生、やりたいことをやらなけりゃ、生まれてきた意味がない。かっこいい人生のほうがいい。面白い人生のほうがいい。後悔しない人生のほうがいい。

プラチナエイジストなんて言われて、ちっとも嬉《うれ》しくなかったが、ＳＵＭＩＲＯＣＫを見ていると、本物のプラチナエイジストのように思えた。

05

自分の中の冒険心に従う

何歳からでも、「好奇心」が豊かならかっこいい生き方はできる。

グレートジャーニーの精神

かつて人類は、アフリカにしか暮らしていなかった。何万年もかけて世代をバトンタッチしながら、アフリカ大陸を出て、中東やヨーロッパへと広がった。これを人類の「出アフリカ」と言う。祖先たちの「好奇心」が時代を変えていったのだ。

もっと雄大な旅をした祖先がいて、ユーラシア大陸を東へ歩き、アジアから北へ向かって北極圏を通って海を渡り、北米大陸にまで到達する。さらに南下して、南アメリカの南端にまで、グレートジャーニーと呼ばれる大きな旅をした。

僕たちの中には、冒険する心があって、それが僕たちの存在理由かもしれない。生きている限り冒険し続けるのが、人間なのだ。

「歳じゃない」という言葉

幾つもの震災や水害が日本を襲った。僕はボランティアで講演をしながら、被災者の皆さんと会うために日本を回っている。

熊本の益城町での81歳の男性との出会いは、とても印象深く記憶に刻まれている。彼は震災で自宅が崩壊し、仮設住宅に住んでいた。駐車場で草刈りをしていたところに、僕が声をかけた。

「被災しているのに、よく人のために草刈りできるね」と言うと、「誰もやる人間がいないからやっているだけだ」と笑った。

偉ぶっていないのがいい。米農家だという。

「震災で田んぼはめちゃくちゃになってしまったんじゃない？」と聞くと、「うつくしか」と、一言だけ返ってきた。この人は、土地を、農業を愛しているなと思った。

自分の仕事に誇りを持っている人は、震災に遭っても強いのだ。

数カ月後に再び仮設住宅を尋ねると、彼は自宅に戻っているという。行ってみて、驚いた。なんと自宅を新築しているのだ。81歳のおじいさんが、大工の手伝いをしていた。「すごいな、よく決断できたね」と言うと、「直せる人間がやらんといかん。歳じゃない。あと何年住めるかとか、余計なことを考えたらいかん」と言う。直せる人間が直せばいい。とても簡単な答えだ。「歳じゃない」という言葉をいいなと思った。

81歳にもかかわらず、家が潰れても、新築できるならすればいい。余計なことは考えない。自分が死んだら、きっと親戚の誰かが喜んで新しい家を使ってくれる。かっこいい。何歳からでもかっこいい生き方はできる。気がついていないだけで、僕たちの体の中にはアフリカから南米の突端へと到達した冒険心が、脈々と流れているのだ。

06

100歳超えのヒーローたち

「よく動く」「よく食べる」
「好奇心を持って生きる」「自分流」
この4つが100歳を超えて、
生き生きと生きる秘訣だ。

１００歳の映画ヒーロー

『１００歳の華麗なる冒険』という映画がある。面白くて、元気が出て、生き方を考えさせられるハッピーな内容だ。

原作は世界45カ国で翻訳され、１０００万部の大ベストセラーにもなっている。人口約１０００万人のスウェーデンで１００万部を売り上げた小説の映画――。

物語の主人公は、１００歳のおじいちゃんであるアラン。「１００歳の誕生日祝いなんていらない」と言い、老人ホームなんかにいてもちっとも面白くないと誕生日当日に施設を脱走してしまう。

もともとこのおじいちゃんは結構な変わり者だった。学校にもほとんど行かないのに、独学で爆発物の専門家になってしまう。

スペイン内戦で活躍したり、アメリカの原爆開発をしていた物理学者のオッペンハイマーに原爆製造のヒントを与えてしまったりと、なにかとお騒がせで奇妙な天才なのである。

このおじいちゃんはノンポリだから、レーガン大統領とゴルバチョフ書記長二人の下で働く二重スパイになったりして、波瀾万丈《はらんばんじょう》の人生を送ってきた。しかし主義主張に縛られることなく「人生なんて、なんとかなるものさ」と言い続ける愉快な男でもある。

物事をきちんと計画したり、将来の心配をしたりなんてない。過去を憂いたりも一切ない。毎日楽しければいいさ、とただ単純に生きてきたら100歳になっていた。しかも立派なのはカクシャクとしている点である。

「なぜ、自分は自分の一番したかったことをしていないのか」

この原作者は、自分の人生を振り返りながら、こんな老人になりたいと思って、100歳のヒーローをつくったらしい。

うーん、なんとなくわかるような気がする。

1　100歳を超えて元気に生きるコツ

日本の人口の28・7パーセントが65歳以上の高齢者である。その数、3617万人。もちろん、僕もその一人。

男女合わせて平均寿命84歳で、世界一の長寿国。世界最高齢の女性は日本人で、明治36年生まれ、現在117歳という。

2020年の100歳以上のお年寄りは、8万450人。そのうち女性は、7万9975人でおよそ88パーセント。圧倒的に女性が勝っている。

僕が出演していた『ニュース・エブリィ』で取材した111歳のおばあちゃ

んは肉好きで、月に1回、家族でしゃぶしゃぶを食べに行くのが楽しみだと話していた。そして毎日1時間散歩をするのだという。

山口県の100歳の女性は、現役のスイマー。80歳の時にリハビリを兼ねて水泳を始めた。95歳でその年齢の女性記録を樹立した。そしてこれまで樹立した世界記録は17個。今も週に3回は泳いでいる。

毎年、僕が主宰する「鎌田實と外国へ行こう」にも高齢者がたくさん参加した。これまでの最高齢は100歳。とても元気なおばあちゃんだ。飛行機で出た機内食をすべて平らげ、家から持ってきたバナナも食べる。車椅子を用意していたが、ついぞ使うことはなかった。

旅先のグアム島で驚いたことがあった。日本人の戦死者が多かった地区に入ると、突然お経をよみ出したのである。変に遠慮しない、自分流で前向きな人なのだ。

100歳を超えて、生き生きとし、健康で誰の世話にもならずに生きているお年寄りには、共通する特徴がある。


「よく動く」

「よく食べる」

「好奇心を持って生きる」

「自分流」


――この４つ。

「食欲の秋」と並んで「芸術の秋」という言葉もある。

映画館や美術館に行って心に栄養を与える。日頃から感動する人は長生きするというデータもあるので、たまにはおしゃれをして映画館や美術館にでも出かけてみよう。

07

ときめきを忘れない

いつまでも若々しく、恋する人間であること。

老いらくの恋の効用

僕は10年ほど前から、ボランティアとして年2回、障害を持っている人と一緒に旅をしている。春は温泉、秋は海外旅行。多い時には２００人ぐらいで旅をするのだが、たくさんのボランティアが参加してくれるので、どんなに障害が重い人でも温泉に入ってもらうようにした。

ある秋、もうすぐ１００歳になるGさんという男性が、娘さんと一緒にグアムの旅にやってきた。娘さんが言うには、グアムでのGさんの一番の思い出は、ポリネシアンダンスだったという。ダンサーがGさんのそばに寄ってきて、ハグをして、頬にキスをすると、彼の頬はクシャクシャになった。

グアムでの幸福な記憶が彼を元気にさせ、2年経った頃には毎日カフェに通ってコーヒーを飲みだしたという。１０１歳が、カフェに行くというのがいい。

苦しみとは無縁で、ピンピンのまま、ひらりとあの世へ行く、まさに僕が理想とする生き方、〝ピンピンひらり〟だ。

Gさんにとって、グアムで若い女性にハグしてもらったことが、人生の気合いを入れ直すことになったのかもしれない。若者から、その若さをもらうことだってあるのだ。

恋すること、ときめくこと

悠然と年を取ることは大事だけれど、その反面、自分の中にある情熱が燃焼されないまま生涯を終えたら無念さが残る、ということもあるだろう。

批評家・吉本隆明は、その著書『僕ならこう考える』の中で、「僕の人生が今終わろうとするなら、何が心残りか」という設問に対し「超人的に素晴らしいエロスを喚起するような異性がいて、そういう人にまだ出会っていないと思うことかな」と答えている。

吉本隆明のような高名な思想家でも、ワクワクするようなエロスに出会っていなかったなあと心を残す。でもその一方で、功成り名遂げなかったにもかかわらず、人が羨むようなトキメキを感じ、最高の命の喜びを得た人だっているはずだ。

それが人生というものだろう。

08

60歳の居場所づくり

居場所があるかどうか。それが60歳以上の人にとって最大の課題。

社会とのつながりと寿命の関係

アメリカのブリガム・ヤング大学では、長寿に影響を与えるものについての研究を行っている。その研究によれば、身体に関わる要素以上に、圧倒的に大事なものがあるという。それは、「社会とのつながり」だった。

大阪府豊中市の住宅街に「豊中あぐり」という市民農園がある。豊中市社会福祉協議会が数年前から行っている事業であり、定年後のシニア男性たち約70人が野菜づくりに挑戦している。つくった野菜は朝市に出して市民と交流したり、子ども食堂へ寄付したりする。

活動を続けるうちに、おっさんたちならではの大ホームランも飛び出している。酒蔵と協力して、自分たちがつくったサツマイモで焼酎をつくり始めた。

こういう遊び心が大事なのだ。

この事業の狙いは、定年後に地域に居場所をつくり、高齢男性の閉じこもりを防ごうというもの。野菜づくりをやってみたい、土に触れたいという男性にとっては魅力的な取り組みであるし、少なくとも家の中で粗大ごみ扱いされるよりずっといい。

東京医科歯科大学の研究調査によると、65歳以上で孤食をしている男性は、誰かと一緒に食事をしている男性よりも死亡率が1・2倍高いという。さらに同じ孤食でも、家庭内孤食の男性は1・5倍死亡率が高いという。家族がいるのに、一人でご飯を食べるのはさらに寂しさを増すということなのだろう。

孤立したまま放っておくと、うつや認知症、アルコール依存症、脳卒中などさまざまな病気のリスクも高くなる。高齢になると男も女も誰かに助けを求めることが苦手になるものだ。

働く場の確保に努力しているところもある。

愛知県トラック協会に、二度ほど講演に呼ばれたが、運転手が不足しているという。立派な研修センターをつくり、高齢者の適性を判定し、本人が希望する場合は80歳近くまで働けるようにしている。高齢者は無理してスピードを出し過ぎないために、むしろ事故が少ないのだという。

この研修センターには、茶道や瞑想《めいそう》、指圧などのカルチャー講座がある。運転業務中のイライラをコントロールし、事故を減らすための取り組みとしてはクリーンヒットだ。

働く場があるのでもいい。ボランティアに仲間がいるのでもいい。居酒屋の飲み仲間だっていいのだ。家庭以外に思いっきり遊んだり働いたりできる多様な居場所が増えると、この国は変わる。

最後の最後までピンピン生きる、「ピンピンひらり」が達成できるかどうかは、60歳以降に居場所があるかどうかにかかっている。

09

「にもかかわらず」の極意

「にもかかわらず」という、超自然の徳は、中高年の生き方を支えてくれる。

「にもかかわらず」は超自然の徳

古来ヨーロッパでは、「勇気」「思慮」「節制」「寛容」「公正」の5つは、自然の徳と言われ、人間が生きる上でもっとも大切なものとされていた。言い換えれば、「〇〇だから」勇気が必要とか、「〇〇だから」公正でなければならない、といったように、理に則って、順接的に生きる道を示している。

「信」「愛」「希望」は逆説的に生きる道を示す。「あいつ、失敗したな」そんな人がいたとする。しかし、失敗し信用を失ったにもかかわらず、人間を信じたり、愛したりできるのだ。

「希望」もそう。どんなに絶望的な状況にもかかわらず、希望をもつことが大事なのだ。「〇〇にもかかわらず」という生き方は、自然の徳を超えた、超自然の徳と言える。状況を跳ね返す力を持ち、意志の力を感じさせる生き方を示している。

中高年になるまでは「〇〇だから」寛大でいよう、と思っていた生き方を転換させ、人が何と言おうと俺はこの生き方を信じるとか、この人を愛するという意志を貫く生き方がかっこいい。

原田泰治、さだまさしのサンタ会

長男は、画家の原田泰治。次男が、鎌田實。三男が佐田雅志（さだまさし）。みんな名前に田がつくから三田会。さだまさしが田舎で子どもたちを育てるために、諏訪《すわ》にスタジオ付きの家をつくったのがきっかけだった。

三人で集まっては、よく酒を飲んだ。

原田泰治美術館の名誉館長をさだまさしが務め、さだまさしがつくった長崎ピースミュージアムの名誉会長に原田泰治が就任している。鎌田の本を原田泰治がデザインしている。さださんは「八ヶ岳に立つ野ウサギ」という鎌田の歌をつくってくれた。

僕はさだまさしと一緒に、新型コロナウイルスで医療崩壊を起こさないために、約5000万円の募金を集めて介護施設にガウンやマスク、消毒液を送ったり、医師や看護師を派遣して感染予防のレクチャーを行ったりしている。

「にもかかわらず」の達人たち

原田泰治は子どもの時に、小児麻痺《まひ》になった。小学校へ上がる前まではなかなか立ち上がれなかったという。這《は》うだけ。だが、この時に彼は、虫の目を持った。低い視線でものを見る習慣を身につけたのだ。

家も裕福ではなく、食うために諏訪から飯田の山の中へ転居し、町を見下ろすところで生活した。その時に、鳥の目を持った。

貧乏と障害にもかかわらず、原田泰治はいつも「希望」を持って生き抜いてきた。

さだまさしもそうだ。35億円の借金をしたにもかかわらず、楽になったであろう自己破産を選ばずに、自分を「信」じて生き抜いた。

僕の医療スタイルも「にもかかわらず」によってできあがったように思う。アルコール依存症の患者が何度も人を裏切り、身上を潰し、暴力を振るって家族に逃げられたにもかかわらず、僕は彼を信じた。難病や末期がんにもかかわらず、僕は正面から向き合い、必死に生きる患者を「愛」した。

僕ら三人の根底には、「希望」「信」「愛」がある。この3つをごちゃ混ぜにしながら、自らを律し、スタイルをつくり上げてきた。

この3つは、自分と他者どちらにもパワーを与えるように思う。長続きするパワーであり、理解者や応援者が増えていくパワー。超自然の徳には、大きなパワーがあるのだ。

これからどんな状況になったとしても、この「にもかかわらず」という生き方を身につけている人は強い。

サンタ会も、原田が80歳、佐田が68歳、僕は72歳。中高年にとって、「にもかかわらず」という生き方は、とても示唆に富んでいるように思う。

⑩ 80歳を過ぎたにもかかわらず

高齢にもかかわらず、
凄腕のビジネスパーソンで
あり続けることができるのだ。

想像力と共感力が働く力になる

ある生命保険会社から、その年に特別優秀な成績を残した営業職員を表彰する会での講演を依頼された。いわゆる保険の契約をする営業ウーマンの表彰式だ。

私は、もっとも優秀な成績を残した営業ウーマンと話がしてみたいと主催者にお願いをした。すると親切にも、その年のトップセールスを記録した女性と、さらに毎年トップクラスの契約を獲得している凄腕《すごうで》の女性、三人の営業ウーマンを紹介してくれた。

なんと、母親と姉妹だという。娘もすごいけれど、お母さんに興味が湧いた。お母さんは営業ウーマンで、ギネスブックにも登録されているほど。僕よりも10歳年上のお母さん、柴田和子さんは、４００億円近い契約を取っていると、その時、聞かされた。

それほどの契約を取っているなんて、よほどの美人だろうなと思った。美貌に負けて、会社社長がついつい高額の保険を契約しているのではないかと考えたが、勝手な想像だった。

柴田和子さんは、丸っこい顔をした肝っ玉母さんだった。

単刀直入にナンバーワンになったコツを聞くと、

「騙《だま》されても、意地悪されても、私、人に優しいの」

という答えが返ってきた。外見も大事だけど、「優しい」というのが生きる武器になるのだ。

たとえ契約が成立しなくとも、きちんと人間関係は構築するという。

「生命保険って、人生の選択なの。お客様を幸せにしたいというこちら側の気持ちをどう伝えるかが大事なんです」と和子さん。

「いい仕事をしたかったら、お客様に愛されること。そのためにはお客様を愛さなくてはね」

なるほどなと思ったのは、契約が決まった後も、そのお客様を大切にすることと。それが口コミで広まるという。

長女の知栄さんは、僕のファンだと言ってくれた。少し嬉しくなったけれど、もしかしたらセールストークかもしれない(笑)。なんて半信半疑だが、とにかく三人ともすごく感じがいい。

次女の佳栄さんは「私はあまりこの世界に向いていないと思っていました」と言った。向いていなくても、その年のナンバーワンになってしまう。すごいと思った。人生をどう生きるかにおいて、何が向いているかなんて、わからなくてもいいんじゃないかと思った。性格は向いてなくても、プロフェッショナルな仕事はできるということだ。保険のセールスレディらしくないセールスレディというのもいいものだ。

三人とも営業の方法論が違う。けれど、姉妹は母の背中を見ているのではないだろうか。母を見習いながら、同じことをしていてはかなうわけがないと、娘二人は自分なりの味付けをして、母のそっくりさんにならないように生きている。母を否定せず、見習いながら、自分の道を行く。それが姉妹のすごいところだと思う。そういう娘を育てているのもすごい。

母・和子さんは、契約を取るために12年間かかったお客様がいたという。

「過酷な状況の中で生き抜いてきた経営者たちが、私のことを信頼してくれるようになるまで、ジッと待つんです」。ジッと待てるのは高齢者だからこそのワザかもしれない。

高齢にもかかわらず、凄腕のビジネスパーソンであり続けることができるのって嬉しくなる。

「生命保険は愛する人への最後のラブレター」。さすがプロの言葉はすごい。

第2章

病気になった
にもかかわらず

11

高齢者にもかかわらず

高齢になったら、
検査や治療はシフトダウン。
最後は自分流でいいのだ。

ピンピンひらりで生きた永六輔さん

永六輔さんは、検査が嫌いだった。83歳で亡くなった時、家族からお別れ会で弔辞を読んでくれと言われた。

「父は人を笑わすことが好きだったので、父があの世でにやにやするようなお話をぜひ」

そう頼まれたので、永さんの人間ドックでの武勇伝をお話しした。

ある病院で人間ドックを受けることになり、採血の段になると「僕は拒否します」と永さんは言った。胃カメラの説明を受ければ「日本胃カメラ飲まない会の会長をしている」と豪語する。１週間の入院で最終的に永さんがした検査は、血圧と身長、体重だけだった。

会場は大笑いになった。それくらい、彼は検査が嫌いだったのだ。その後、僕の諏訪中央病院にやってくることになり、丁寧に説明して、彼が納得した検査は受けてくれるようになった。

パーキンソン病が見つかり、東京の専門病院を紹介した。さらに前立腺がんも検査によって見つかり、こちらも通院できる病院を紹介して、彼が納得する手術をしない最高の治療を受けることができた。

二つの大病を患い、転んで大腿骨《だいたいこつ》の頸部《けいぶ》骨折を起こしたりもしたが、亡くなる10日前まで大好きなラジオ放送を続けた。

まさにＰＰＨ、ピンピンひらりだ。嫌なことはやらず、好きなラジオをやり続け、最期は自宅で亡くなった。

彼の選択は間違っていなかったと思う。

アメリカの内科専門医の財団が、「Choosing Wisely（チュージング・ワイズリー）」というキャンペーンを行っている。医療において、賢明な検査や治療法を選ぼうという運動だ。アメリカでは50の医学会が賛同している。

たとえば、70歳を超える高齢者のコレステロールは下げてはいけない。なぜならコレステロールが低いほうが、死亡率が高いからだ。その通りだと思う。日本の医者は、コレステロールの薬を使いすぎる。僕は、70歳を超えた患者さんと相談の上で、コレステロールの薬をやめるようにしている。

最後は自分流でいい。人生に合わせた医療を

僕は日本のドクターの中ではとんがった考え方をしている。検査に関する鎌田流の考え方を示そう。

70歳までは健診や人間ドックは必要だと思っている。70歳から75歳まではその人の人生観次第。責任ある仕事をしていて、今、倒れるわけにはいかないと

いう人は、受けたほうがいいと思う。

そうではなく、なおかつ検査が嫌いな人は、70歳を超したら受けなくてもいいと思う。今までも検査はどっちでもいいと思っていた人は、もうやめても構わない。

75歳以上は、よっぽどの検査好きだけが受ければいい。もちろん自己決定が大事なので85歳でドックを受けてもいい。でも受けたくない人は無理しなくていいのだ。

アメリカの「Choosing Wisely」では、こう言っている。

予測される寿命が10年以内の人が、がん検診を受けるのはほとんど無意味。たとえば80歳でがんが見つかっても、多くの場合は手術や過激な治療はしなくなる。だとすれば、症状がないならばがん検診は受けずに、症状が出てから検査をし、治療ができる場合には治療をすればいいということだ。

アメリカでは認知症の高齢者には延命治療をしないと明確にしている。日本ではこれほど明確にはできないが、かなり正しいと思う。少なくとも、胃ろうを置いたり、人工呼吸器につないだりの治療は慎重に判断したほうがいい。

　このアメリカのキャンペーンは現在、日本の医師集団の中でも「Choosing Wisely Japan」という組織が立ち上げられ、運動を始めている。高齢になった時に無理な検査や治療をしないという方向に、徐々に進んでいくのが望ましいと僕も思っている。

　永六輔さんの生き方は、とてもかっこいい生き方だったと思う。60歳を過ぎたら、検査や治療を少しずつシフトダウンしていいのだと、教えてくれたように思う。

12

がんにもかかわらず

がんにもかかわらず、切らないという選択。カッコよく生きることにこだわった、菅原文太の生き方。

最期まで菅原文太でいたかった

映画『仁義なき戦い』シリーズや『トラック野郎』シリーズで大ヒットを飛ばしたスターが70歳を過ぎて、生き方を変えた。快適で華やかな都会暮らしをやめて、山梨に移り2ヘクタールの土地を借りて、有機農業を営んでいた。農業が大好きな青年たちだけでなく、行き場のない若者たちが彼の考えに賛同し、農業集団をつくった。

文太さんは、口癖のようにこう言っていた。

「地球を汚したいだけ汚して、好き勝手に生きた悪者だと、未来の子どもたちに思われないように生きたい」

若者や子どもたちへのバトンタッチを考えていたのだろう。

74歳の時、膀胱《ぼうこう》がんが見つかり、僕に相談があった。

「昔から不摂生していたから、余命1年半と言われても覚悟はできてる。だけど鎌田先生、膀胱を全部取って、人工膀胱をつけるのは受け入れられない」

進行したがんだったので、膀胱を全摘しなければ治せないと担当医師から提案があったのだ。この診断は、正しかったと思う。だが、正しさは一つではない。

菅原文太は、最期まで菅原文太でいたかった。膀胱を取って、おしっこの袋を腰にぶら下げて生きていくのは、菅原文太の生き様ではないと言うのだ。最期まで、立ちションしたいと言った。実にわかりやすかった。

文太さんの要望に応えてくれる病院を見つけた。膀胱鏡で膀胱内のがんの部分を切除し、抗がん剤治療を行って、仕上げに陽子線を用いた放射線治療を行った。

この治療法に納得をして、文太さんはこう言った。

「余命1年半が全摘をしないことで1年に短くなったとしても、俺は納得できる」

必ずしも手術が正解と思わないほうがいい

東日本大震災が起きた後、文太さんから「一緒に福島の人たちを元気づけに行こう」と誘われ、二人で講演に出かけた。病気になんて全くへこたれていなかった。

あまり好きではないと言っていたテレビにも、僕がニュース番組のコメンテーターをしていた関係から、有機農業を取材させてほしいと言ったら、長靴とねじり鉢巻きで出演してくれた。文太さんの長靴姿は、やっぱりかっこよかった。映画にも出演した。

余命1年半をとっくに過ぎて、7年半、彼はやりたいことをやり、最期まで菅原文太らしく生き切った。

亡くなる2カ月ほど前、２０１４年の9月頃だったと思う。「鎌田先生、カレーライスが食べたいな」と、あのドスの利《き》いた低い声で電話がかかってきた。以前にお連れした蓼科《たでしな》にある「ナマステ」というインド料理店のカレーが、文太さんは大好きだった。

腹いっぱい食べたあと、「またクリスマスの時期にカレーを食べましょう」と提案すると、「いや、先生、そんなに先じゃダメだ。1、2カ月の間にまた時間をつくってください」と言った。

今から考えれば、彼はクリスマスまでは自分がもたないと、すべてわかっていたのだと思う。忙しさにかまけて、もう一度カレーの会を開けなかったことを、とても残念に思っている。

がんが見つかったら、必ずしも手術が正解と思わないほうがいい。それまでの生き様やどんな風に生きたいかが大事なのだ。

文太さんにはやりたいことがあった。それを達成するためにはどんな治療をすればいいのか、本人と家族が考え、僕が紹介した医師も、もちろん僕も考え続けた。

まだ子どもが一人前ではなく、どんなことがあってももう一度元気にならなければいけない人は、手術を選べばいい。だが、放射線治療も抗がん剤治療も、どちらも著しい進歩を遂げている。がんの治療は、人生観に合わせた選択ができる時代になりつつある。

60歳から生き方革命を始めることができたなら、ステレオタイプにとらわれることなく、もっと柔軟に物事を判断していいように思う。

13

新型コロナ時代の幸福論

コロナ禍でも、どんな時代でも幸福を感じるために必要なことは、それほど変わらない。

幸せホルモンを活性化する

コロナ禍における幸せとは何だろうか？　自分自身を幸せへと導くためのヒントを、過去に書かれた『幸福論』の中からつまみ食いしてみたい。

数学者として出発し、のちにノーベル文学賞を受賞した哲学者・バートランド・ラッセルは、著書『幸福論』の中で、自分の関心を内へ向けるのではなく、外界へと向けることが幸福の条件と説いている。つまり「好奇心」が、幸福をもたらすのだと。

僕の敬愛するアルトゥール・ショーペンハウエルは、悲観主義者として知られている。だが、そんな彼ですら著書『幸福について』において、「自分を幸福にしてくれるのは心の朗らかさ」と書いている。心が朗らかであるかどうか。「朗らかさ」も一つのキーワードになるのではないだろうか。

一方で、フランスの近代哲学に大きな影響を与えたアランの『幸福論』には、「悲観主義は気分に属し、楽観主義は意志に属する」とある。名言だと思う。どう生きるかは、「意志」の問題であり、「幸福だから笑うのではない。笑うから幸福なのだ」という前向きな姿勢は、現代においても有効だろう。「笑う」ことにこだわりたい。

内科医である私、鎌田實の「幸福論」はもっと俗っぽい。幸せホルモンと呼ばれるセロトニンを分泌すれば、人間は幸せな気持ちになる。反対に、セロトニンが足りなくなればうつうつとしてしまう生き物なのだ。実際、うつ病の方はセトロニンに関わる薬を飲むことが多い。うつ病でない方は、薬を飲む必要は全くない。なぜなら、自分で分泌できるからだ。どうすれば分泌されるのかもわかっている。

①朝、太陽に当たる。

②リズミカルな運動をする。鎌田式スクワットやかかと落としが有効なので、これはまた第3章でわかりやすく説明する。

③トリプトファンを摂取する。これはセロトニンの材料となる物質で、肉や卵、豆腐や高野豆腐、チーズなど、タンパク質に含まれる必須アミノ酸のこと。美味《おい》しいものを食べると幸福を感じるのは、セロトニンの原材料を摂取しているから。

コロナ禍でも、どんな時代でも幸福を感じるために必要なことは、それほど変わらない。好奇心を持つ、朗らかである、笑う、そして太陽に当たりながら軽い運動をして、美味しいものを食べる。

これが、幸福を感じながら、生き生きと生きるコツ。

14

新型コロナ時代の病

新型コロナ時代、高血圧と糖尿病は大敵。

新型コロナ時代の診断

新型コロナウイルスとの戦いは長期戦になってきたが、何が起こっているのか、内科医として考えてみた。

①認知機能の低下
②フレイル(虚弱)
③メタボリックシンドローム
④高血圧
⑤糖尿病
⑥アルコール依存症
⑦脂肪肝

⑧うつ病
⑨不眠症

これら9つの症状が増えていると心配している。コロナ禍における生活の仕方によって、アフターコロナに介護のお世話になる人と、以前よりもピンピンして元気に働いたり、人生を楽しんだりできる人に分かれていくように思う。

血圧は上げるな

僕は、特に血圧の上昇を心配している。WHO（世界保健機関）の発表によると、新型コロナウイルスは高血圧の人ほど重症化しやすく、致死率も高いことがわかっている。

なぜだろう。それには、慢性炎症が深く関わっている。レニン・アンジオテンシン・アルドステロン系というホルモンが血管を収縮させて血圧は上昇するが、その時、このホルモンは炎症性サイトカインの生産も促進する。その結果、血管が慢性炎症を起こし、動脈硬化を起こすと言われている。高血圧があると脳卒中が多くなるのは、このためだ。

新型コロナウイルスに感染すると炎症性サイトカインが分泌される。このサイトカインは新型コロナウイルスと戦おうとするのだが、感染が暴走するとサイトカインストームを起こし、自分の細胞まで壊してしまう。そして、重症肺炎や血管炎、さらには脳梗塞や腎障害が引き起こされる。

従って、コロナ禍が収まるまでの数年の間にもっとも注意すべきは、血圧を上げないこと。そのために注意すべき、生活習慣は二つ。

一つ目は減塩。レモンやコショウ、わさびなどを上手に使って、塩や醤油《しょうゆ》の代わりとする。減塩醤油や薄味醤油もＯＫ。二つ目は野菜を食べること。目安は、１日３５０グラム。野菜の中にあるカリウムが、体内のナトリウムと交換されて、尿の中にナトリウムが排出されていく。ナトリウムは血圧を上げる電解質なので、野菜を食べることで自然に血圧が下がっていく。

血糖値を上げるな

同様に血糖値にも注意が必要だ。血糖値が上がると慢性炎症が進みやすいからだ。糖尿病のある人は、新型コロナウイルスの重症化リスクが数倍あると言われている。

糖尿病でない人でも、この巣ごもり期間中に血糖値が上がっている人が多い。

ある調査によると、食生活に変化があった。炊き込みご飯やチャーハン、焼きそばやお好み焼きなどを食べる機会が倍加している。これらの料理の特徴はすぐにわかると思う。そう、炭水化物が多くなると、慢性炎症は起きやすくなる。

だからといって炭水化物断ちをすればいいというわけではないが、その量に関しては、気をつける必要がある。とりすぎは血糖値を上げるだけでなく、肥満の原因にもなる。

若年層や壮年層でも、新型コロナウイルスで重症化する例はほとんどが肥満だと言われている。血糖値を上げず肥満に気をつけるためには、やはり野菜を多くとることが大事なのだ。

血圧と血糖値を上げず、肥満にならないように暮らすことが、数年後コロナに打ち勝った時、ピンピン元気な体を守るために大事であることを忘れないでほしい。

15

ウィズコロナ時代のストレス対処法

生きている以上、ストレスは不可避。
だったら強くなる方法を
身につけてしまおう。

コロナ疲れとコロナうつ

生理学者ハンス・セリエが唱えたストレス学説によれば、第一相では身の危険が迫ってきた時に血圧を上げ、戦闘モードに入る。第二相は抵抗期といい、ストレスと全身で戦うために活動性や抵抗力を高めていく。ここまでは、ストレスに対する好反応なのだ。自分の身を守るための健全な反応と言える。

しかし、今のウィズコロナの中では、様相が違ってきている。ウィズコロナが長く続いているために、エネルギーが低下し、多くの人がコロナ疲れやコロナうつになりかかっている。

これが第三相の疲弊期だ。

自律神経が乱れ、免疫やホルモンの働きが低下し、ストレスによる不調が現れてくる。胃潰瘍《かいよう》や過敏性腸症候群、高血圧、脳卒中、狭心症、円形脱毛症、気管支喘息《ぜんそく》、がん、不眠、うつ。ストレスは慢性炎症を引き起こすために、動脈硬化を悪化させたり、糖尿病体質の人が発症するきっかけをつくったりする。

国立がん研究センターが40歳から69歳までの男女約10万人を追跡調査した結果、自覚的なストレスレベルがもっとも高い男性のグループは、もっとも低い男性のグループに比べて、がんの罹患率《りかん》が11パーセント高いという結論が出た。また、ストレスによって交感神経が刺激されると、リンパ球やナチュラルキラー細胞が減ることがわかっている。当然、がんになる率が高くなる。

それだけではない。ストレスで交感神経が刺激されると血管が収縮し、血圧が上がり、脳梗塞や脳血管性の認知症も起こりやすくなる。ストレスが急性心筋梗塞のリスクも上げるのだ。

また、スイスのチューリッヒ大学の研究によると、ストレスを受けるとコルチゾールというストレスホルモンが出て、脳の前頭葉に指令を出し、自己抑制をさせにくくする。そのために、ストレスを受けた後には、よりカロリーが高く、不健康な食べ物が食べたくなるという。ストレスは、肥満のもとにもなるのだ。

ストレスマネジメント、４つの心得

日本はもともとストレスが多い社会と言われている。職場や地域、家族との人間関係、健康問題、経済的問題、ＩＴ社会。日本には、さまざまなストレスがあふれている。そこにコロナとの戦いが長期化すれば、ストレスは増強してしまう。

これからの日本において、60歳からも面白く快適に生きていくためには、ストレスと上手に付き合うストレスマネジメントが必要になってくる。生きている以上、すべてのストレスを避けることはできない。だから、ストレスに強くなる方法を身につけてしまうほうがいい。

そのための4つの心得を紹介する。

①よく笑う。
笑うと副交感神経が刺激され、幸せホルモンであるセロトニンが分泌されて、イライラが消える。血圧が下がり、免疫力も高まる。

②好きなことをして、こまめに解消。
好きな音楽を聴くでもいい、落語を聞きに行くでもいい、ジムで運動するでもいい、山登りもOK。ただし、やけ食い・やけ酒はダメ。

③ものごとの捉え方を変える。

一つ一つの小さなことにこだわらない。「何とかなるだろう」、「嫌なことはいつか終わる」と思って生きる。自分が悪くないと思っていても「私が悪うございました」などと言いながら、見えない所で舌を出せ。いい加減が、いい。

④抗酸化力のある食べ物をとる。

慢性炎症を防ぐために、抗酸化力のある野菜や魚を食べて「これでストレスはもう大丈夫」と自分に言い聞かせる。

16

チャレンジングホルモン

アフターコロナの時代を生き抜くためには、チャレンジングホルモンが必要だ。

人生後半の活力は男性ホルモンが鍵

男性ホルモンであるテストステロンは、実は女性も、男性の10分の1ほどだが、必ず分泌している。女性ホルモンのエストロゲンは、男性ホルモンからつくられている。反対に、実は男性も、その量は女性の半分ほどだが、女性ホルモンを分泌している。

時代の風潮も男性ホルモン的な時と、女性ホルモン的な時が交互に繰り返されているように思う。繰り返されながら混ざり合い、あるべき形を模索しているのではないだろうか。一般的に、女性ホルモンは、人と人との共感的なつながりをつくる働きをし、男性ホルモンは、人生をアグレッシブに楽しむ時に影響していると言われている。

人生後半を生きる上では、チャレンジングホルモンとも言われる男性ホルモンが大切だ。

テストステロンは、縄張り意識と関係している。去勢された犬は、自分のテリトリーを主張する意識が低下するため、電柱にマーキングする回数が減る。政治家など、パワーゲームの世界で生きている人たちはテストステロンの分泌量が多く、チャレンジ精神や競争心が旺盛であるのと同時に、縄張り意識も強く、派閥をつくって権力を誇示したりする。テストステロンはチームプレーにも関係していて、一つのプロジェクトを推進して戦い、チームとして相手を潰す。そういう戦いの時に働いているという。

面白いのは人に奢《おご》るだけで、テストステロンが増えること。男も女も美学として、さりげなくスマートに奢ることができれば一人前だが、その人は、奢りながらチャレンジングホルモンを分泌しているのだ。

しかし、中年になるとこのテストステロンは、男女ともに減る。男性の場合には、加齢性男性性線機能低下症候群、簡単に言えば更年期障害を起こす。L

ＯＨ症候群とも呼ばれるテストステロンの低下による症状は、太る、筋肉量が減る、仕事も趣味も楽しくなくなる、集中力の低下、不眠といったもの。加齢性男性性線機能低下症候群を、うつ病と間違えられてしまう人もいる。

ただし、男性ホルモンは加齢によって分泌が減るが、皮下脂肪を減らして筋肉量を増やせば、復活する。チャレンジングホルモンを出すためにも、結局、スクワットやかかと落としが有効なのだ。

しかし、注意しなければいけない。マラソン大会に出場しようと走り過ぎて、テストステロンが低下するというデータが出ているので、運動しすぎに気をつけよう。

アフターコロナは、まるで戦後の闇市のように、大変な時代がやってくるはずだ。そこで戦い生き抜くためには、チャレンジングホルモンを意識して分泌する生き方をしていこう。

17

自然免疫を鍛える

中高年にもかかわらず、コロナに負けないための秘訣は「自然免疫力」。

獲得免疫と自然免疫の力

ウイルス等に一度感染したり、ワクチン接種で抗体をつくったりすると免疫記憶ができる。この獲得免疫が一番頼りになる。

抗体が消えてしまっても、獲得免疫の中のヘルパーT細胞が働いて、キラーT細胞に刺激を与えて、新型コロナウイルスをやっつけてくれる。

ヘルパーT細胞はリンパ球の2〜4割を占めるB細胞にも働き、抗体をつくるように刺激を与えて、抗体をできやすくする。

一方、自然免疫力もけっこうすごいのだ。

体内の自然免疫の一つであるリンパ球が全身をパトロールしている。体内に入ったウイルスを見つけ、貪食細胞などを動員して、ウイルスをやっつけてくれる。

たくさんのウイルスが侵入すると感染してしまうが、100個や1000個のウイルスを触ってしまっても、この自然免疫の力で感染を防ぐことができる。自然免疫力が高まっていると、獲得免疫のヘルパーT細胞にも、いい刺激を与えるので、キラーT細胞や抗体をつくるB細胞が活性化する。

自然免疫力を上げる工夫

自然免疫力を上げるためには、食事と運動、つまり生活習慣が重要だ。1日は24時間サイクルで回るが、実は体内時計は25時間なのだ。この1時間のズレが、免疫を壊す要因と言われている。このズレを補正するためには、朝、太陽に当たること。もう一つは、朝ご飯を食べること。メタボ対策で、朝食を抜いている人がいるが、自然免疫力もダウンしてしまう可能性がある。朝食を抜くと、むしろ血糖値が上がりやすくなり、肥満は改善されないとも言われている。

朝、陽に当たることは、中高年が免疫力を高めるためには、どうしても必要なこと。がん細胞と戦ってくれるナチュラルキラー細胞も、自然免疫の細胞の一種で、ナチュラルキラー細胞が活性化されていれば、がんにもなりにくくなる。テレビでは、抗体ができなければ、安心できないとずっと言い続けているが、実は獲得免疫だけではなく、自然免疫も結構、頼りになるのだ。

食事は発酵したもの、たとえば、納豆やチーズ、ヨーグルトなど、多種多様の善玉菌をとるといい。免疫の中枢は腸なので、腸にいい発酵食品と食物繊維が重要になる。野菜は1日、３５０グラムを目指して、しっかりとることが大事。

そして、自然免疫力を上げるためには、とにかく笑うこと。中高年にもかかわらず、コロナに負けないためには、自然免疫力に注目していこう。

18

認知症にもかかわらず

認知症にもかかわらず、
自由に生きられる。
仕事だって恋愛だってできるのだ。

認知症であることをオープンに

日本では毎年11月11日が「介護の日」に制定されている。「いい日、いい日」とかけた「介護の日」の取りまとめに僕も関わったのだが、僕たちのＮＰＯは毎年この日の近辺で、最新の介護についての無料講演会を行っている。

そのイベントに、若年性アルツハイマー型認知症の山田真由美さんをお呼びした。舞台上での久しぶりの対面に「僕のこと覚えてる?」と聞くと、彼女は「覚えてるわよ」とパシッと答えて、会場はどっと沸いた。とにかく魅力的な人だ。

彼女は51歳の時、認知症と診断された。当時は給食の調理員をしていた。診断後しばらくは、自分では何もできないと思い込んで家に閉じこもっていたという。家の中も暗くなってしまった。

けれど、久しぶりに近所のスーパーに買い物に行ったことがきっかけですべてが変わった。

一人で買い物をしている最中に、山田さんは何が何だかわからなくなってしまった。店員に声をかけられ、思い切って自分が認知症であることを伝えると店員は欲しいものを揃《そろ》え、快く手助けしてくれた。

その経験から彼女は、周囲に認知症であることを隠して閉じこもっていてはいけないと考えたのだ。

何よりも大切なのは「自由」

山田さんは、僕の顔も名前も覚えていたが、空間認知機能は著しく低下してしまっている。

一番苦手なのが、服を着ること。服の表と裏もわからない。袖に腕を通すのも、頭からかぶるのも、ズボンを穿《は》くのも、服に合わせてどう体を動かせば着られるのかわからなくなってしまった。

一人で洋服を着ようとすると、4時間かかる。誰かがほんの少しアドバイスをしてくれれば、数分で着替えられるのに。

同居している娘さんとは喧嘩《けんか》が絶えなかったが、最近、関係がうまくいっているという。そのコツを聞くと「半分だから」と答えた。

半分は娘との生活、もう半分は交際している男性との生活だという。

舞台上で男性の話が出るとは思わなかったから話題を変えようとすると、彼女はニコニコしながら「いいの、私は自由だから」とあっけらかんと言う。男性から手紙をもらって付き合い始めたそうだ。

週の半分は娘と生活し、もう半分は男の人のところへ行く。平安時代の通い婚のようだと思った。

認知症でも仕事も恋愛もできる

認知症に対する思い込みは二通りある。一つは、本人が「自分では何もできない」と思い込んで閉じこもってしまうこと。もう一つは、周囲の人間が「認知症になったらおしまい」と思い込んで、何もさせないようにしてしまうこと。

僕の46年間の内科医としての経験から言えば、特に地方では認知症は恥ずかしいものだという偏見があり、家族も家から出さずにいたり、施設へ入れてしまったりする。しかし、刺激の少ない環境で、病気は一気に進行してしまう。認知症になったからといって何もできなくなるわけではないのに、何もできない人にしてしまうのだ。

ほんの少し応援すれば、何でもできると考えたほうがいい。

山田さんを見てほしい。恋愛だってできる。もしかしたら僕らより自由かもしれない。認知症を隠さなくなったことで、月に5回ほど講演に呼ばれるようになり、それが生きがいになった。生きる意味が見えてきた人は強い。

認知症は全国で６０２万人（２０２０年、厚生労働省発表）、予備軍である軽度認知障害（ＭＣＩ）は４００万人（２０１２年、厚生労働省発表）いると言われている。だが、脳の機能が悪くなっている箇所は、基本的にはまだらで、いいところが結構残っている。そのいいところを上手に使えば、仕事だって恋愛だってできるのだ。

19

人生二毛作のすすめ

ミッドライフ・クライシスをうまく利用して次の人生を意識してみる。

40代後半でパニック障害に

48歳の時、僕は諏訪中央病院の経営を立て直しながら、日本一温かい病院をつくろうとがんばり過ぎて、パニック障害が起きた。外来をやっていても、往診に行っても、突然、理由なく、頻脈発作が起きた。夜中にはじっとしていられず、歩いて気を落ち着かせたりもした。睡眠薬が必要になった。以来、自分はなんのために生きているのかを考えるようになった。とても辛かったけど、いいきっかけだったと思っている。

病気になってから、生活スタイルを意識的に変えた。一人でいる時間を増やし、大好きだった芝居を観に行ったり、ジャズを聞きに行ったりもした。久しぶりのジャズが、僕の心を大きく揺さぶった。

累積赤字４億円の病院を再建させ、借金を返し、30億円近い余剰金もできた。ようやく若手に託すことができると思ったが、市長からはもう4年間、面倒を見るように頼まれた。52歳で病院の最高経営責任者になり、新しく院長が置かれて、だいぶ楽になった。

自分の一言で病院の方針が、がらっと変わってしまうことに危惧も抱いていた。自分が30代で院長になった時と同じように、バトンタッチした若手のドクターたちにも、好きにさせたほうがいいと思ったのだ。市長との約束通り4年間働いた後、56歳で病院を退職し、名前だけの名誉院長になった。

ミッドライフ・クライシスにもかかわらず

退職に踏ん切りがつけられたのは、イラクの難民キャンプの子どもたちの診察に行くようになっていたからだ。もしも僕がテロリストに拉致されたら、この国では「自己責任」と言われ、バッシングに遭う。自分が愛してる病院に迷惑を掛けてはいけないと思ったのだ。

病院の経営はうまくいっている。市長さんも長く勤めるように慰留する。にもかかわらず病院を辞めたのには、48歳でのパニック障害が僕の生き方の路線変更に強く影響していたと思う。あの時、もっと自由に生きようと決めたのだ。

ミッドライフ・クライシスが大きい人と、あまり大きくない人とがいると思う。しかし、この過渡期を上手に利用して、人生二毛作、次の人生を少しずつ意識してみるのはどうだろうか。

20

57歳で脳出血。そこから人生は変わった

脳出血になったにもかかわらず、そこであきらめない。世界にだって羽ばたける。

脳出血になった57歳のサックス奏者

「お前、そんな吹き方をしていたら、いつか切れるぞ」

そう言われ続けていた男が、本当に切れてしまった。朝起きたらろれつが回らなかった。左大脳の脳出血。軽い右手足の麻痺《まひ》があり、舌も半分自由にならなかった。

サックス奏者にとっては指も舌の動きももちろん致命傷だ。だがそれよりも何よりも、５分もの間、猛烈に絶頂を極めるように吹きまくるために、どしっと立つことができなくなっていた。

坂田明が57歳の時だ。

僕がある小さな医学会の会長の時に、医療に関わる人たちの感性を刺激したいと思って、歌手の小室等さんに彼を紹介してもらった。毎日疲れ切っている医師たちに、ランチタイムに坂田明の音楽を聴かせたいと思った。

それから彼との付き合いが始まった。

2004年に坂田明は『赤とんぼ』というCDを出している。そのライナーノーツに、何か書いてくれと頼まれた。活字はやめて、筆でこんな風に書いた。

「Sakata Akira の音楽には、怒りがあり、悲しみがあり、喜びが溢《あふ》れている。Sakata の音は刃先の雫《しずく》のようにギリギリを生き切る。一瞬見えるはずのない風が見えた。坂田のジャズは凶暴で優しく、低脳で知的だ。Sakata の『家路』がすごい。切なくて、切なくて、僕の心は破裂しそうになる。Akira の音が輝いている。Akira の頭も輝いている。僕の心が優しい記憶に舞い戻った
2004年秋　鎌田實」

低脳で知的だという箇所は、僕の最上級の尊敬を表している。頭脳明晰《めいせき》だったらちっとも厚みがない。低脳で知的なのが Sakata のすごいところ。特にドボルザークの「家路」が気に入った。クラシックを見事な Sakata 流にアレン

ジしている。

チェルノブイリの子どもたちのために

２００５年の秋に、僕は坂田さんを誘ってチェルノブイリに行った。映画『アレクセイと泉』の舞台となった泉や、放射能汚染地域の沼にいるミジンコを見せてあげると誘い出した。彼はチェルノブイリの病院で、白血病の子どもやお母さんたちにコンサートをしてくれた。

その時に吹いた「ひまわり」という曲がすごかった。汚れた大地の怒りを受け止め、まるで祈りを捧げているようだった。

ベラルーシからモスクワへ向かう15時間の夜汽車でロシアの大平原を走りな

がら、僕が理事長を務める日本チェルノブイリ連帯基金（JCF）から、あんなテイストのCDを出したいと坂田さんにお願いをした。

「鎌ちゃんのように、柔らかいとか優しいとか、温かいっていうのは、俺の柄じゃない」

坂田さんはそう言って何度も断ったけれど、どうにか頼み込んで、1枚のCDが完成した。

「死んだ男の残したものは」とか「遠くへ行きたい」といった名曲をSakata流にアレンジしている。これがすごくいい。バッハの「G線上のアリア」までジャズにしてしまった。

ジャズ界の錚々《そうそう》たるメンバーが集まってつくってくれたCD『ひまわり』は、なんと3万枚売れた。その利益で、放射能の汚染地域の子どもたちを助けるために、たくさんの薬を買うことができた。

75歳、今が旬

彼は57歳で脳出血になったにもかかわらず、あきらめずにトレーナーについて、アスリートが行うようなゴムチューブによる体幹トレーニングを始めた。それで音が変わったという。以来、外国の若いミュージシャンたちと毎年ヨーロッパ遠征をしている。

僕と坂田明は、山形県にある５００人規模の素敵なホール「東ソーアリーナ」で、毎年トーク・アンド・コンサートを行っている。

「70歳を過ぎて、やっとサックスの吹き方がわかった。死ぬまでに間に合ってよかった」と、彼は言った。

今、75歳。坂田明は、今が旬だ。

日本中のライブハウスで彼は吹いている。新型コロナウイルスの騒ぎが落ち着いたら、ぜひライブハウスへ行ってみてほしい。脳天カチ割られるぐらいの気合を入れられると思う。

凶暴で優しい彼のサックスをぜひ聴いてもらいたいものだ。

第3章

体が衰えたにもかかわらず

21

夢の若返りホルモン

60歳以降の人生を決めるのは、筋肉だ。

若返りホルモンとスクワット

新型コロナウイルスとの長期戦によって、フレイル（虚弱）になっている人を外来で診る機会が増えている。フレイルは介護保険のお世話になるリスクを上げると言われている。介護保険のお世話になる症状ランキングの1位は認知症、約18・1パーセント、2位が脳卒中、約15パーセント。3位から5位までが、骨や筋肉、関節の虚弱によるもので、合わせるとなんと37・3パーセントにもなる。

ウィズコロナの間、家に閉じこもってばかりいると、みんなこのフレイルになってしまう。

60歳を過ぎている人がこれからの人生を面白くするには、スクワットが大事。僕も67歳になって、目がかすみ、体力の衰えを感じるようになった。体重も80

キロの大台に乗ってしまい、何かしなくてはと危機感を持って始めたのが、スクワットだった。すると少しずつ体重が減り、軽やかに動けるようになってきた。体にいいことをしていると、自然に食べ物にも意識が向く。もっと運動をしたいとジムにも通い出して、3年経つと、体重は72キロほどになった。筋肉がついて代謝がよくなり、体重が増えにくくなっているようだ。

スクワットほど効率よく、そして手軽に太ももを鍛えられるトレーニングはない。夢の若返り物質と言われる「マイオカイン」をもっとも効率よく分泌させるには、太ももの運動が一番。なぜなら体の中でもっとも筋肉量が多いのが、太ももだからだ。

僕はかつて『徹子の部屋』に出演したり、黒柳徹子さんと一緒に『トットちゃんとカマタ先生のずっとやくそく』という本を書いたりしたことがある。彼女は、プロレスラーのジャイアント馬場からヒンズースクワットのやり方を習ったそうだ。毎日50回やっていると言っていた。87歳になった今も元気にテレビで大活躍しているのは、この筋肉強化の影響が大きいように思う。

徹子さんの他にもう一人、魅力的な女性を挙げておきたい。アメリカの若者たちに人気の最高裁判事、ルース・ベイダー・ギンズバーグ。彼女のイニシャルを付けた『ＲＧＢ　最強の85才』というドキュメンタリー映画も評判を呼んだ。トランプ政権になってから、超保守系の判事が指名され、トランプ大統領が望むような判決が多くなっている。だが、彼女は民主主義の土俵際を守るように、強い口調でトランプの政策に釘を刺し続けた。

彼女は87歳、膵《すい》がんと闘いながらもジムに行き、筋肉を鍛えていた。

86歳の彼女の誕生日には、若者が集まって、彼女のエクササイズに取り組むパフォーマンスを行った。彼女の講演会は、いつも長蛇の列ができた。アメリカで最も人気のある女性をつくったのは、筋肉だった。残念なことに彼女は、がんの合併症で亡くなった。

60歳以降の人生を決めるのは、筋肉だ。

22 サルコペニアにならない

人生100年時代。〝ピンピン〟生きて〝ひらり〟とあの世に行きたい。

加齢性筋肉減少症＝サルコペニアをチェック

サルコペニアという病名を聞いたことがあるだろうか。ギリシャ語で筋肉を表す「サルコ」と、喪失・減少を表す「ペニア」を合わせた造語である。日本では、加齢性筋肉減少症と呼ばれているサルコペニアは、簡単にチェックできる。

椅子に座り、足の裏を床につけた状態で両手の親指同士、人差し指同士で輪っかを作り、ふくらはぎのもっとも太い箇所を囲んでみる。輪っかに隙間ができる人は、サルコペニアの可能性がある。１センチくらい指が届かずに輪っかがつくれない状態が理想的。筋肉が十分にあると言える。椅子から片足で立ち上がれるかどうかでも、足の衰えをチェックできる。

手指が痛いわけではないのに、ペットボトルの蓋が開けづらくなったら注意が必要だ。

サルコペニアの原因は加齢や寝たきりなどの不活発な生活や、栄養不足などが関係している。ある統計では、65歳以上の高齢者のうち、6〜12パーセントがサルコペニアであった。80歳を過ぎると60パーセントにも上る。サルコペニアになると、筋肉量が著しく減少し、歩くスピードが遅くなり、歩く時に杖《つえ》が必要になったりする。

PPH＝ピンピンひらりは「タン活」

サルコペニアが進み、ロコモティブシンドローム（運動機能が衰えた状態）になると、心肺機能が低下し、全身の老化を進めて要介護の原因になる。介護予防のためにも、まずはサルコペニアの予防が大事なのだ。

サルコペニアの予防には、肘掛けに両手をかけて片足で立ち上がる練習をするといい。手はできるだけ使わず、腹筋や背筋などの体幹筋に意識を集中して固めた状態を保つこと。

それから、僕が「タン活」と呼んでいる、タンパク質いっぱいの食生活に切り替えることだ。肉や魚を基本に、納豆や豆腐、チーズ、牛乳、高野豆腐などをしっかり食べてほしい。

お弁当を買って昼夜と2回に分けて食べる一人暮らしの高齢者がいるが、僕の外来では、具だくさんの味噌《みそ》汁を勧めている。そこにタンパク質を補充する意味で高野豆腐を入れたり、卵を一つ落としたり。あまり知られていないが、実は高野豆腐はタンパク質の塊なのだ。

最近では、プロテイン入りのミルクやプロテイン入りのヨーグルトなども開発されている。中高年ほど、こういう商品を上手に使うべきだろう。

タンパク質をとったら、ワイドスクワットをしよう。皮下脂肪が筋肉に変わって、筋肉作動性物質のマイオカインが多く分泌される。僕自身も毎日やっている。肩幅よりも両足を10センチほど外へ広げ、逆ハの字にして立つ。手を組んで、そのままお尻を下げていく。太ももと床が平行になるまで、できるだけゆっくりと下げる。

呼吸は止めないこと。そしてゆっくりと立ち上がる。1セット10回を1日に3セット。これで美尻美脚効果もあり、サルコペニア予防ができる。

コロナ時代にもかかわらず

一度、身につけてしまった生活習慣を変えるのはなかなか難しい。だが、自分の生活を少し変えることができれば、人生を面白くできる。

健康のためにスクワットをする生活習慣に変えることができれば、人は自信が持て、ドーパミンという快感ホルモンが出る。すると、筋肉がつくという成果が自覚でき、より生き方も前向きになっていく。自分の人生を少しずつ変えることができるのだ。

人生１００年時代、なかなか死ねない時代になった。大事なことは命の長さではなく、クオリティー・オブ・ライフ（命の質、人生の質）なのだ。

せっかく長生きするのなら、最期の日までやりたいことをして生きたいもの。サルコペニアにならないように、今日からワイドスクワットとタンパク質いっぱいの生活をしてみよう。

コロナ時代にもかかわらず、サルコペニアにならない生き方はある。

㉓ スーパースクワット

残酷な老後にしないためには、貯金より貯筋。

なかなか死ねない時代にスクワット

70歳前後の元気な人の寿命を計算すると、男性は93歳、女性はなんと99歳。簡単には死ねない時代になった。

僕が診てきた経験からすると、「いつ死んでもいい」なんて言う中高年男性に限って、脳卒中になってしまうとなかなか死ねない。本人はいつ死んでもいいと言っているのだから、死ねれば楽なのかもしれないが、なかなか死ねないのだ。

10年近く愚痴や文句を言い続けて家族を困らせ、本人も辛い老後を過ごすことになる。だからこそ、面倒がらずに生活習慣を少し変えて、脳卒中や認知症にならない生き方が必要だ。

僕は佐賀市で鎌田塾（「がんばらない健康長寿実践塾」）という、健康長寿のための実践塾を開催している。年に3回講演会をし、合間には栄養士やトレーナーと健康勉強会、地元のえびすFMで毎週、「鎌田實しあわせの処方箋《しょほうせん》」という番組を通じて、健康指導を行っている。塾生はなんと1000人を超した。

パートの仕事をしている62歳のTさんは、膝や肩が痛くて整形外科に通っていたが、「筋肉に意識を向けるように」というアドバイスを素直に受け止めて、スクワットやかかと落としを続けた。毎日、「貯金より貯筋」と自分に言い聞かせ、ついには骨盤底筋群を鍛えるスーパースクワットまで行えるようになった。鎌田塾では、インナーマッスルを強化する運動を教えている。肛門を意識して締めながら、腹筋や太もものインナーマッスルを強化するスーパースクワットで、体は確実に変わる。骨盤底筋群を鍛えれば、女性はくしゃみなどによる尿漏れが予防され、男性もおしっこの切れが悪く、ズボンに染みをつくってしまう恥ずかしい体験をしなくて済むようになる。

Tさんは、野菜とタンパク質をとることを徹底することによって、骨と筋肉の量が増え、体脂肪が減り、体重も1年で4キロ減った。階段の上り下りで息が上がらなくなり、整形外科にも通わなくなった。周囲からは「ハツラツと歩いている」とか「若返った」と言われるようになって、ますます貯筋に精を出している。僕が実践しているスーパースクワットのやり方は次の通りだ。ぜひ、参考にしてもらいたい。

①両足を肩幅に広げて立ち、手を胸の前で組む。
②手を組んだまま、膝がつま先より前に出ないギリギリ、太モモが床と平行になるまでお尻を下げる。肛門に力を入れて、5秒数える。呼吸を止めないように気をつける。肛門を引き上げる感覚が大事。
③お尻を5センチ上げて5秒数え、さらに5センチ上げて5秒数え、を3回繰り返す。
④ゆっくりと元の状態に戻る。

24 タンパク質いっぱいで「貯筋」

やりたいことをやるために、食事に注意し、運動を続ける。

鎌田式かかと落としのススメ

79歳のNさんは、夫を見送ってから十数年、社交ダンスを習い、地元のラジオ局でパーソナリティもしている。反動を使うヒンズースクワットや、椅子に座り込むようにしてからまた立ち上がるスクワット、そしてスロースクワットと段階を経て、肛門を締めながら行うスーパースクワットにまで到達した。毎日、かかと落としも20回。コレステロールも正常化して、ダンス仲間からは足首が締まって細くなったと褒められている。

スロースクワットのやり方は、まず両足を肩幅に開く。膝がつま先より前に出ないようにしながら、お尻を突き出すようにして太ももが床と平行になるまで沈み込んで、5秒止める。それから5センチお尻を上げて、また5秒止める。ものすごく大変。初めは5回やると息が切れてしまう。

75歳のKさんは、このスロースクワットを毎日10回3セット行っている。ボウリングが趣味で、何歳になってもボウリングをしたいと、貯筋のためにタンパク質いっぱいの生活もしている。

ちょっと貯筋をしたい人は、1日60グラムから70グラムのタンパク質が必要だから、肉を食べ、さらにヨーグルトやチーズ、そして納豆か豆腐を食べ、卵も1個か2個食べる必要がある。かなりしっかり食べないと「タン活」はできないのだ。

体力測定で81歳だったKさんは、スロースクワットと「タン活」で、50歳の筋力になった。友達との話題も運動の話が多くなり、活動的になってボランティアにも参加している。

一番大切なのは、楽しいことをするために、食事の注意をし、運動を続けることだ。

僕は毎日、スクワットとかかと落としをしている。鎌田式のかかと落としは、机か壁につかまって、つま先を上げてかかと立ちをする。これは向こうずねの筋肉を鍛えることになる。これで転倒予防になる。つま先が上がるようになり、1センチの段差なんかにつまずかなくなるのだ。

次に、かかとを上げて、つま先立ちをする。1、2、3、と数えて、4でさらに背伸びをするようにしてかかとを上げる。そして5でドンとかかとを落とす。その衝撃がオステオカルシンという物質を分泌し、骨粗しょう症の予防になる。

かかとを上げている時には、ふくらはぎが緊張している。ふくらはぎは毛細血管の塊。年を取ってくると、この毛細血管に血液が流れなくなり、ゴースト血管と呼ばれるものになる。これが小さな脳梗塞の原因になったり、認知症の原因になったりすると言われているが、ふくらはぎを緊張させることで血液が流れ、ゴースト化は改善される。

かかと落としは、転倒予防にも、脳梗塞の予防にもなり、同時に骨粗しょう症の予防にもなるのだ。

25

見た目が若い人は長生き

60歳からの人生を決めるのは、〝見た目〟なのだ。

見た目が若い人は、細胞レベルまで若い!?

南デンマーク大学で、９年間にわたって双生児１８２６例の追跡調査が行われた。

看護師20人、若者10人、高齢者11人がそれぞれ評価グループをつくり、双子のどちらが若々しく見えるかを投票した。その結果と被験者の寿命との間には、有意な相関が認められた。若く見えたほうが、実際に長生きしていることがわかったのだ。

白血球のテロメアの長さを測るバイオマーカーの検査も行っている。テロメアとは、染色体の末端にある構造で、その長さが寿命に関係し、短くなると老化を示していると言われる。この検査でも、若々しく見える人のほうが、テロメアが長かった。身体、認知機能の検査でも若々しく見える人のほうが高いことがわかっている。

表面の若々しさは、実際には体の中の細胞レベルまで影響を与えている。結局、見た目が勝負なのだ。

美容学校などを経営している株式会社ミライプロジェクトの代表、山際聡さんと対談をした際、彼は、美容と介護を合体したいと考えたという。きっかけは68歳の母親だった。いい美容院がないかと母親から相談されて、山際さん自身が通っている表参道の美容室を紹介した。すると、普段はあまり遠出をしないのに、3カ月ごとにせっせと通うようになった。一度、一緒に髪を切りに行くと、母親はとても喜んでくれたという。

中高年でも女性はみな身だしなみに注意していると思うが、問題は男性だ。もう80歳だからとおしゃれをしなくていいやと思ってしまってはいけない。男性も着飾って街に出ると、人生が変わる。

僕が将来、虚弱になって出張美容をお願いした場合、「何をしてくれますか?」

と山際さんに聞くと、彼はこう答えた。

「先生はお髭《ひげ》をすごくきれいに手入れされているので、こだわりの形にセットして、それからお顔と手のマッサージですね。アロマオイルでハンドエステをすると思います。美容も介護も人の身体にタッチする仕事なので、介護美容はその両面からお年寄りを幸せにできると思うんです」

高齢者になってから、一緒に食事したい人ランキング２位に

美容界の大御所である山野学苑総長の山野正義さんともイベントで対談をしたことがある。

一般的には老年学と訳されている「ジェロントロジー」という言葉を、山野

さんは「生きるほどに美しくなったほうがいい」という意味を込めて、美麗学と呼んでいるという。なるほどなと思った。

山野さんは1936年生まれの84歳。その日もきちんと理容室に行って髪の毛をセットしてやってきた。

「高齢の女性がマニキュアをしたらオムツが取れたとか、一人歩きの癖のあった軽い認知症の男性が散髪して身だしなみを整えるようになったら一人歩きしなくなったとか、そういう例はいくらでもあります」

そう説明してくれた。

「人生100年時代を生きるためには、孤独に陥らないこと。何歳になっても世の中に出て、いろんな人と接してもらいたい。年を取っても学ぶ力や想像力は衰えません。ぜひ、生きるほどに美しく生き続けてください」

彼の言葉に全く同感である。

話は変わるが、『毎日が発見』というアラフィフ女性向けの月刊誌がある。

読者モニター350名に聞いた「心がときめく男性著名人」というアンケート調査で、なんと「一緒に食事をしたいランキング」の第2位に選ばれてしまった。1位が明石家さんま、3位が鈴木亮平、石原裕次郎、羽生結弦。羽生君よりも上位だったという驚き。

もっと笑ってしまったのが、「抱きしめられたいランキング」。1位が鈴木亮平で、2位に鎌田實。同率には、舘ひろしがいた。

僕は若い時からずっと老け顔で、ハタチの頃から40歳と間違えられるような青年だった。中年クライシスの頃には、今よりも9キロ太っていてぶくぶくしていた。年老いてからのほうが、見た目がよくなったということかもしれない。

見た目のためには、運動と食べ物と着こなしが大事。

ネクタイが嫌いでほとんどしないが、それでも「清潔感があるように」だけは、いつも心がけている。

26 体が動かないにもかかわらず

下り坂には下り坂のやりがいがある。

人生は下りながらだって面白い

上り坂も面白いが、下り坂も結構面白い。僕の趣味はスキーとスポーツカーに乗ること。車はカブリオレ。オープンカーだ。風を切って走ると、季節が感じられる。冬でもオープンだ。で、どちらでも飛ばす。スキーは常に下りで、ほとんど上ることがない。

肩の力を抜いて斜面をひょいひょいと下りていくことを繰り返しているうちに、下ることの楽しみを見つけたような気がしている。もちろん歯を食いしばって、上り坂をがんばっている鎌田實もいる。だから、実態はまだら状なのだ。

しかし、もっと長いスパンで人生を考えてみると、結局は生まれた直後から緩い下り坂にあるのではないか。その長期的な下りの中で、うきうきするような上り坂をいくつつくれるかが勝負だと思ってきた。でも、全体は下り坂だという認識を、人は忘れるのだ。

下り坂を生きていることがわかって、僕は東京にある国立大学を卒業した後、長野県の潰れそうな、誰も名前も知らないような病院に都落ちすることができた。下山とか、下野の意識があったと思う。東京から地方へ下ったたって、必ず上ってみせると思っていた。

東京にいなくても、上り坂を自分でつくればいいと思いついた。

グローバルとローカルを比べた時に、ローカルをしっかりやっていけば、普遍性が生まれてグローバルに負けない生き方ができるのではないかとも思っていた。

僕はゴーギャンが好きなのだが、かの画家は、フランスに居続けずに、タヒチへ渡った。そのタヒチから、さらに辺ぴなマルケサス諸島に生活の場を移したことも、成功の大きな秘訣だろう。下りながらだって、面白い人生を生きることができるのだ。

楽観的な人ほど免疫力は高い

東日本大震災が起きた直後からずっと、今も被災地に通い続けている。特に、福島の南相馬には親戚みたいに付き合っている人々や、親友のようになっている人たちがいる。

テレビクルーを連れて南相馬に行くと、必ずみんなで双葉食堂というラーメン屋さんに行く。スタッフたちは、「こんなうまいラーメン食ったことない」と大喜びする。

震災直後、被災地に行った時に、電話で各地に散らばって避難している南相馬の人たちを激励してくれと頼まれた。新潟県の三条市の体育館に避難していた電話の相手が、双葉食堂のオーナー、豊田英子さんだった。地元の人たちはみんな、彼女のつくるラーメンが福島一だと口を揃えていた。豊田さんは、当時62歳。ラーメン屋の再開は、あきらめていた。

「自分の年齢では、借金して、新しい店をつくるなんてわけにいかない」

そう言った彼女を、その後に僕は何度も説得することになる。あなたにとっても、仕事があったほうが絶対にいいのだと。

「借金を返す自信はないけれど、自分のためではなくて、私がお店を再開すれば、家を流された人たちや、夫を津波で失った人たちの働く場をつくることができる」

話しているうちに、彼女はそういう結論を出した。僕が「命のラーメン」という色紙を書いて、三条の避難所に送った。彼女もやる気が起きた。

アメリカのケンタッキー大学の研究チームは、楽観的な人は、そうでない人よりも免疫力が高く、より健康であるという研究論文を出している。楽観的に考えることは、とても大事なのだ。

下り坂にもかかわらず楽観して生きていく

店の再開を決意すると、たくさんの友達が、いい情報を持ち寄った。「お店を新築しなくてもいい」「仮設住宅に仮設商店街ができる」「入居料は安い」「ここでラーメン屋が始められる」。彼女の楽観力は、運を巻き込んでいった。夫を失い、家を流された大勢の人たちが、職を求めてやってきた。一人ぼっちの人が、彼女の元へ来ると辛い気持ちを少し解消できると喜んだ。

かつての双葉食堂は、事故のあった原発から20キロゾーンの中にあった。元の店舗にはもう戻れないと思っていたが、そうやって仮設商店街の中でラーメン屋さんを営んでいた。多い時には１日４５０食出るという、とんでもない繁盛店になった。

そして、時間がかかったが、原発の20キロゾーン内の、彼女のお店がある地域も避難指示が解除され、お店を開く許可が出た。

引っ越しをしてからも、彼女の店は大繁盛している。双葉食堂を仕事の場とした女性たちが、明るく元気に生活の糧を得ている。

下り坂でも暗くならず、いつも楽観しながら生きていくと、何かいいことが起きるような気がする。

生まれてすぐに親から捨てられ、僕はずっと下りを生きてきた。でも、下りの中に、時々、面白い上り坂を経験してきた。これからも、この下りの中で、僕は新しい生き方を見つけていこうと思っている。

第4章

お金に悩んでいるにもかかわらず

27

相続を争続にするな

財産が小さいから、うちには相続争いなんて起きないと思うのは大間違い。

財産が小さくても、もめるのが相続

大手銀行の執行役員を務め、『相続の「落とし穴」』『遺言の「落とし穴」』といった書籍を著した遺言の専門家である灰谷健司という友人がいた。

彼は大腸がんを患い、肝臓や肺、骨に転移しながらも、たくさんの著書を出版していた。闘病中には、僕の書いた『がんばらない』『あきらめない』を読んでいたという。

雑誌の対談で知り合い、気が合って、食事をするようになった。時々会っては、相続や遺言の落とし穴を勉強させてもらっていた。

灰谷さんによると、相続の問題は大金持ちよりもむしろ一般人のほうが多いのだという。

数年前から、全国の家庭裁判所に持ち込まれた相続についての相談件数は増え続け、相続放棄の申述だけで年間21万件を超える。この何倍もの数の家庭で、家族関係が悪化しているらしい。

大金持ちは分ける金額も多いので最後は納得するが、たとえば家と現金300万円をきょうだい三人で分ける、といったケースでもめることがある。誰が一人残った父親を介護したのか、その場合に分け前はどうなるのか。

問題は三つあると、灰谷さんが教えてくれた。

第一が、相続税問題。かつては財産が6000万円以下の場合には相続税がかからなかったが、2015年に相続税法が改正され3600万円に引き下げられている（相続人が一人の場合）。

第二が、いわゆる相続争い。

第三は、相続手続きに時間がかかり、亡くなった人の預金が銀行から下ろせないという問題。相続人全員の戸籍謄本、引き出す相続人の印鑑証明書等が必要になる。

去りゆく人と残された人たちのための「信託」

灰谷さんは末期がんと闘いながら、「ずっと安心信託」という信託を開発した。自分の死が身近にあったために、死んだ後にどういうものがあったら便利かを、彼は常に考えていた。

残された人たちが、葬儀費用や当座の費用を一時金としてすぐに下ろすことができるように、この信託をつくったという。

加えて、生きている間に、本人が定期的に一定の金額を受け取る機能も加えた。病院にかかりだした時に、定期的に毎月20万円を受け取れたら、安心して療養できる。自分が病気だからこそ、彼はそう考えたのだろう。

そして、本人が亡くなった後には、指定された人が定期的に一定の金額を受け取ることができるように、この信託は設計されている。残された奥さんの一人暮らしを支えることができるのだ。

生きているうちにできることを

灰谷さんが考えていたのは、不満を抱いたり、意見がぶつかったりしてしまう相続人に対して、死者からのメッセージをきちんと伝えることだったのではないか。

「亡くなったあの人が言うんだから、いろいろ言いたいことはあるけど、納得しよう」

そうやって遺言が効力を得るためには、プロの目で確認してもらうことも必要だ。

お金の分け方に正解なんてない。ただ、残された人たちの幸福のために、生きているうちにできるだけのことをしよう。

僕は、教育資金贈与信託を利用して、４人の孫に教育費用をプレゼントしている。遺産をあげる気はないが、孫が勉強する上で必要なものは応援したいと思っている。

自分の遺産を、信託を通して早めに渡していると、孫が喜んでいる姿も見ることができる。

これも、灰谷さんに教えてもらった方法だ。

28

介護のスタイルはいろいろあっていい

介護費用は、
人生を締めくくるための必要経費。
お金は自分たちのために使うべきだ。

パンクスの介護

ジョン・ライドンというミュージシャンがイギリスにいる。パンクという、反抗的で、無茶苦茶な音楽を始めた人物の一人だが、そんな彼も年を取った。40年以上連れ添った妻が認知症にかかり、彼はフルタイムでその介護をしているという。イギリスの新聞に載っていたインタビューがよかった。

「俺らは常にお互いを支え合ってきた。そこんとこは消えないんだ。俺は、それを愛は偉大だっていうメッセージだと受け取ってる。そんなとき、金払って専門家に任せる意味あるか？」

もちろん、彼には莫大《ばくだい》な財産があるだろうから、さまざまな助けを借りながら介護をしているのだと思う。だが、彼は介護をしたいのだ。自分のことを忘れられたくない、という思いもあるのかもしれない。自分が支えてもらった分を返したいと考えているのかもしれない。僕はただ、世間に中指を立てながら生きてきた人間が、本当に大切な関係を慈しんでいる姿に惹《ひ》かれてしまう。

介護にかかる費用は、そんなものきれいごとだと思ってしまうほど重くのしかかってくる。在宅介護の場合、日本では1カ月にかかる費用の平均は5万円ほど。その内訳は介護サービス1万6000円。介護サービス以外のその他費用3万4000円。所得により介護サービスは1割~3割まで負担の割合が異なる。現役並みの所得の人であれば、3割負担。つまり、4万8000円(1万6000円×3)+3万4000円=8万2000円となる。介護度が上がればより費用も必要となり、重度の認知症になれば月平均13万円かかると言われている。施設介護には居住費もプラスされ、おおよそ15万円から。介護度別に支給限度額は決まっていて、限度額をオーバーすればその部分については全額負担する必要がある。

「金払って、専門家に任せる」ことが、悪いことだとは決して思わない。むしろ、積極的にお願いをして、自分が介護疲れで倒れないようにするべきだと思う。子どもたちに財産が残せなくなったとしても、自分たちのために使うべきだ。介護費用は、人生の締めくくりのための必要経費だと思う。ただ、僕が素敵だなと思うのは、そこに愛があって、介護に主体的に関わろうとする意志なのだ。

老後は突然やってくるものではない。少しずつ、でも着実に訪れるもので、今の積み重ねで、できている。その「今」に寄り添ってくれた人の介護だから、一緒にいたい。そんな関係が築けたら、介護でさえ、幸福に感じられるのかもしれない。ジョン・ライドンは、次のように語っている。

「俺にとっては、真の彼女はまだそこにいるんだ。俺が愛する人物は毎日、どの瞬間にも存在する。これが俺の人生だ。彼女が物事を忘れてしまったのは残念だが、俺らみんな、そんなもんだろ？」

彼女と一緒にいることが、「俺の人生だ」とはっきり言い切れるような男は、かっこいいじゃないか。

29

介護の心得

あきらめないけど、がんばらない。

さよならは、人生に大事なエッセンス

コロナ禍のために、老人ホームに世話になっている母親に会えないと、友人が言っていた。玄関先からガラス越しに一目見るだけならと訪れたが、スタッフに断られてしまったという。

老人ホームで働く人たちの忙しさや感染リスクを考えたら、致し方ないのだろうとも思う。すべての入居者に会いに来る面会対応をしていたら、それだけで一日が終わってしまうだろう。玄関先にずらりと車椅子を並べておくわけにもいくまい。

それでも、友人の気持ちも痛いほどわかる。あと何回、母親の顔が見られるのだろうと考えてしまったら、なんとか一目だけでもと押しかけてしまうだろう。そんなに会いたければ自宅で面倒を見ればいいのに。そう思う人もいるか

もしれないが、老人ホームに世話になることが、今生の別れだとはよもや思っていなかった。一刻も早く、面会が叶《かな》うようになるといい。

コロナ禍によって、介護の形も変わるかもしれない。最後まで看《み》てもらえる特別養護老人ホームや民間の有料老人ホームを選んできた人たちが、できるだけ自宅で介護や療養をしたいと考え直してもおかしくはない。

ただし、自宅を老人が暮らせるようにリフォームするだけで金がかかる。介護保険を使って福祉用具をレンタルする場合、2割負担なら介護ベッドが月額2000円、手すり1000円、車いす1000円など挙げたらキリがない。これにヘルパーさんや医師の訪問診療など利用すれば、結局は老人ホームと変わらないような金額になってしまう。ちなみに有料老人ホームは、初期費用に0円から数千万円、さらに月額18〜30万円ほど。特別養護老人ホームにも多床室とユニット型があり、課税の状況により居住費や食費の負担が軽減されるが、1割負担の場合でも5万から14万円ほどが相場だろう。

結局、介護する人、される人の関係と、それぞれのライフスタイルに合わせた介護を考えるしかないのだが、大切なのは、無理をせずに「まあまあの満足感」を得る方法だと思う。老人ホームに入れたら今生の別れになってしまう！と強く考えない。会えないにもかかわらず、会いに行けば、たとえばリモート面会でも「自分は会いに行った」という事実に納得できるだろう。「結局、会えなかったじゃないか」と自分を責める必要はない。会えないからと自宅介護に切り替えて、辛い思いをするくらいなら、そのままでいいと思う。

もしも会えないまま別れが来ても、それもまた人生だ。

花に嵐の例えではないが、さよならは、人生に大事なエッセンスだと受け止めるほかない。僕は過去に『あきらめない』と『がんばらない』という本を出している。このスタンスは、介護にも必要だと思っている。

あきらめないけど、がんばらない。

そうやって生きていこうと、友人にも声をかけた。

30

老後に貯蓄はしない

高齢にもかかわらず、学んで、働いて、上手にお金を使って「新しい生き方」をする。

お金は、社会と自分をつないでくれるツール

老後の資金は、一体いくら必要なのだろう。２０１９年に当時の金融担当大臣だった麻生太郎は、老後に２０００万円必要だとした官僚の報告書を正式な文書として受け取らないと述べ、問題になった。

国の年金システムは、ご存知の通り、幾度も受給年齢が引き上げられ、とても「１００年安心」と呼べるようなものではなくなってしまった。

実際にかかる費用としてシンクタンクなどが調査した結果では、介護費用や葬祭費用も含めれば、優に２０００万円を超えるという。ゆとりある老後を送るためには約３３６０万円は必要とする報告もある。

幸福を感じるためには、消費も必要だと僕は思う。ただし、すぐに壊れてしまうような安物を買うのではなく、ロングライフ、残りの人生を共にできるよ

うなものしか買わないと決めたらどうだろう。

経年によって価値が減ずるものではなく、むしろ価値の高まるようなものを手にする喜びは大きい。古いものが好きな人たちは、自分が所有するためではなく、次の世代に渡すためにたまたま自分の手元にあるのだという感覚でいるらしい。何かを次の世代に伝える、という喜びは大きいものだ。それが形に残らないものならなおさらだと僕は思う。どんなものでもいい。

もしもまだ体が動くのならば、シルバー人材センターに登録して、地域の仕事をしてみるのもいいだろう。近所の庭木を払ったり、お墓の清掃をしたり、駐車場の管理人の仕事もあるかもしれない。

人生の大半を国際協力活動に注いできたTさん。日本のいくつかの国際協力NGOの代表を務めた。NGO関係者から尊敬を集めている。国際協力で、僕が迷うことがあると、彼に相談する。いつも的確なスーパーバイズをしてくれる。その彼が62歳で庭師のスクールに通って、ついに庭師になってしまった。

そして、沖縄へ移住。かっこいい。人生なんでもありと教えてもらった。

新しいアクションを起こす。働きに出れば、必ず人との出会いがある。庭木を払う依頼をした人たちだけでなく、その働く姿を誰かが見ている。隣の家の子どもかもしれない。たまたま居合わせた通行人かもしれない。

「このお花はなんていうの？」と、子どもが聞く。

「キンモクセイの季節になりましたね」と通行人が言う。

それだけで、伝わるものがあると僕は思う。もしも言葉を交わさなかったとしても、その働く姿は、老後にも街に居場所があることを示している。

現役時代に比べれば僅かかもしれないが、その報酬で、生活ができる。別の土地の風に吹かれて、新しい人と人の関係が生きられる。いいサイクルではないか。老後の金は確かに心配になってしまう。けれど、心配したってしょうがない。ある部分ではなんとかなるさと受け止めて、それよりも街に出よう。借金せずに、上手にお金を使って、気持ちのいい生活をしたいものだ。

31 かっこいい遺言書を書こう

遺言書は、自分のいない世界へのメッセージなのだ。

遺言書というメッセージ

民法が40年ぶりに改正され、２０２０年から「死に方」のルールが変わると、とりざたされている。

たとえば、遺言書について。２０２０年から、自筆の遺言書を法務局で保管、管理してくれるようになったのだ。しかも預ける際には書式についてのチェックまでしてくれるという。すると今までは死後に必要だった、裁判所がその遺言書の効力を確認する「検認」という手続きが不要になる。

つまりは、今までよりもはるかに気軽に遺言書をきちんとした形で残せるということ。死んだ後の財産について、あれこれ差配するなんて、と思っている人もいるかもしれない。残された人たちで勝手にしてくれたらいい、そう思う気持ちもわからなくもない。

だが、墓について考えることが、残された人生の生き方を考えることであるように、遺言書をきちんとした形で残しておくことも、自分の生き方を見つめ直すきっかけになるのではないか。

自分が死んだ後の世界で、配偶者や子どもたちが仲よく暮らすためには、どう配分すればいいのか。そこにあなたの思いが表れる。遺言書のコツは、自分が子どもの立場に立って考えることだと思う。葬儀費用だけでも200万円が相場と言われている。果たして盛大な葬儀が必要なのかどうか、子どもたちの目線で考えてみてはどうだろうか。

残された老親の世話をするためには、どうしたって金が必要だ。そのための資金を子どもたちに渡すのも、一つの考え方。反対に、子どもたちに世話をさせないために、残された配偶者が一人で生きるなり、施設に入るなりするために多く資金を残すという考え方もありうる。

自分の子どもたちがどちらのタイプなのか、よくよく考える必要があるが、つまりは日常からコミュニケーションを取っていなければ、それすらもわからない。遺言書のためにという言い訳を使って、子どもたちと頻繁に会ってもいいと思う。腹を割って話したらいい。子どもたちと対等に話をするのは案外難しいものだが、うまくできれば気持ちも晴れやかになるはずだ。

あるいは、思い切ってすべてを寄付したいと考える人もいるかもしれない。今生との別れ際に、善きことをしたいという思いだって、僕は賛成したい。残された家族がどう思うか知らないが、それだって自由だろう。

遺言書は書き換えができる。よく周りを観察して、自分の残したものがいちばん役に立つように書き換えていけばいい。

遺言書は、自分のいない世界へのメッセージなのだ。

32 相続は徹底的に話し合いを

問題は解決しなくても、「がんばってくれた」という事実はみんなの心に残るはずだ。

揉《も》め事を恐れず、家族の問題に向き合う

おしどり贈与、という制度を知っているだろうか。

婚姻歴20年以上の配偶者を対象に、居住用の住宅の生前贈与について２０００万円まで贈与税の控除を受けられる制度だ。毎年の１１０万円分の基礎控除と合わせれば、２１１０万円分は贈与税が控除される。

しかも生前におしどり贈与をしておけば、贈与した自宅は相続財産から切り離すことができる。

つまり、嫁さんにそそのかされた息子が、相続で母が住む実家を売却するのを防ぐためのシステムと見ることもできる。いや、嫁にそそのかされずとも、子どもたちが実家を自分の財産のように考えることもある。子どもの人生設計に、相続の財産が入っている場合は多いだろう。

おしどり贈与は、長く寄り添った妻に、せめて家を残してやりたい。その人情を制度に落とし込んだものとも言える。この制度については、文句もない。こうして権利を守るのが制度の役割だと思う。

だが、僕たちが考えるべきは、生きているもの同士のつながりだろう。どうして嫁にそそのかされた息子が、母の住む実家を売却しようと考えるのか？　そこにまず思いを馳《は》せるべきだろう。嫁姑の諍《いさか》いがあるならば、せめて死ぬ前くらい、首を突っ込んでもいいのではないか。

年を取るほど、揉め事に関わり合いたくない。それは賢明な判断と言える。だが、家族の問題だけは、避けるべきではないと僕は思う。

一度首を突っ込んで、徹底的に話し合う。

それと同時に、おしどり贈与をはじめ、自分の死後の手続きがスムースに進むように準備しておく。たとえば株や自動車、ゴルフ会員券など、何年も放置しているものは売ってしまってもいい。

生命保険に入っているなら、その保険証券のありかを明確にしておく必要もあるだろう。年金手帳や年金証書がどこにあるか、わかる場所に置いておく。死んだら生まれてからの戸籍謄本が必要になるのだから、どこの役所に申請を出せばいいのかくらい、明確にしておく必要がある。

心の整理と、身辺の整理。死ぬためには、どちらも必要だ。

おしどり贈与をしたいと考えるほど、残される相手のことを思うならば、面倒なことほど整理しようと試みるべきだろう。たとえ嫁姑問題が解決できなくとも、「あなたががんばってくれた」という事実はみんなの心に残るはずだ。

最後はあなたが決めればいい。

あなたの人生なのだから。

33

金銭だけでなく心の遺産を

「遺産の1パーセントを寄付する」。遺言にその旨を書いておくだけで、生きている間の人生もかっこよくなる。

コロナ禍における特別定額給付金を寄付

僕は、イラクの子どもたちの医療支援を行うＪＩＭ－ＮＥＴと日本チェルノブイリ連帯基金（ＪＣＦ）という二つのＮＰＯの代表をしている。二つを合わせると、毎年2億円から2億５０００万円の活動資金が必要になる。

２０２０年度の上半期決算で、ＪＩＭ－ＮＥＴが１０００万円を超す赤字が出た。新型コロナウイルスによるパンデミックの影響が大きかったと思う。総会で決算を報告し、承認された後、すぐに大阪の方から１０００万円の寄付があった。ありがたい。彼は決算状況を知らなかったようだが、コロナ禍でＮＰＯの運営も大変だろうと思ったという。

二つのＮＰＯで連携して、イラクの難民キャンプの診療所や小児白血病の病院に、マスクやガウン、消毒液を送るクラウドファウンディングを行った。目標額は140万円だったが、なんと2800万円集まった。僕らのNPOでは経験のない額になった。コロナ禍における政府からの特別定額給付金10万円を、「社会貢献に役立ててください」と寄付してくれる方が何人もいた。

JIM-NETでは毎年、チョコ募金を行っている。北海道の六花亭のチョコが入った缶に、イラクの白血病の子どもたちの絵がプリントされている。毎年10万個以上の注文が入る。葬儀の会葬礼状と一緒にこのチョコを添えるように、と遺言に書きつけた人もいた。その後、何年にもわたって、お子さんたちが応援してくれている。お父さんの思いがバトンタッチされているのだ。

タイガーマスク現象

その意味では、２０２０年は、寄付文化にとって2回目の波が訪れているように思う。

1回目は、２０１０年の年末から始まった「タイガーマスク現象」だろう。群馬県の中央児童相談所に10個のランドセルが届けられた。

『タイガーマスク』の主人公、覆面レスラーの伊達直人を名乗って、最初にランドセルを贈った人の発想がかっこいい。匿名性が日本人の心をくすぐり、子どもたちのために使ってくださいというメッセージも響いた。養護施設などに入っている子どもには、３万円の入学支度金が給付されるが、新品のランドセルを買うと学用品にまで回らない。ランドセルが寄付されることで、子どもたちは他の学用品を買うことができるようになった。この寄付の波は連鎖し、全国に鉄人28号や桃太郎を名乗る寄付者が現れた。

２０１１年の日本国内の寄付総額は、東日本大震災の被災地への寄付も相まって、例年の2倍近く、１兆１８２億円。翌年には７０００億円以下に戻ってしまうが、近年では少しずつ増加傾向にある。２０２０年もコロナ禍の影響で寄付総額が大きく増えるかもしれない。

ユニセフなどの公益財団法人や認定ＮＰＯへの寄付は、所得税からの寄付金控除の対象になるから、それも大きいだろう。

遺産の1パーセントを社会貢献に

ＪＣＦ（日本チェルノブイリ連帯基金）では今、遺産の１パーセントを社会貢献活動に寄付しようという運動を始めている。ＪＣＦは認定ＮＰＯなので税金が免除される。死んだ後にもしも２００万円残ったら、２万円を世界の平和のために使ってくださいという遺志は、とても素敵だと思う。

残りを子どもたちがもらう時に、「親父がこんなことを考えていたのか」と喜ぶに違いない。もしかしたら「俺たちがもらう額を半分にして１００万円は社会貢献に使ってもらったほうが、親父も喜ぶんじゃないか」と、考えるかもしれない。その時点ですでに、父親の生き方の遺産を子どもたちが受け継いでいることになる。金銭的な遺産だけではなく、心の遺産をきちんと伝えておくことは、すごく大事なこと。

この「遺産の１パーセントを寄付する」という文化が広がるといいなと思っている。

しかも遺言にその旨を書いておくだけで、生きている間の人生もかっこよくなるはずだ。なぜなら、奢《おご》ったり寄付をしたりすると、チャレンジング精神に必要なテストステロンというホルモンが分泌されるから。

世界のために、遺産の１パーセントを使うだけで、自分が強く、元気になってくるのだ。ぜひ試してほしいと思う。

34 介護は絶対に一人で背負い込まない

介護は、できるだけ
オープンにしたほうがいい。

お金をかけても周囲を頼る

私の若い友人が、こんな経験をした。

家から少し離れた裏道を歩いていると、ポツンと片方だけのサンダルが落ちていて、なんだろうと思いながら歩を進めると、「助けて！」とおばあさんが叫んでいる。後ろには男性が苦い顔をして立っているので、どうしました？と声をかけると、おばあさんは「殺される！」と強い言葉を吐く。片足しかサンダルを履いていない。

どうもおかしいなと、落ち着くように言葉をかけて話を聞いてみると、二人は親子だった。息子さんが病院に連れて行くために車に乗せようとしたが、認知症の母は連れ去られると暴れ回ったらしい。

「朝から、私の通帳はどうした、財布はどうしたって騒ぎ通しで。すみません。

ご迷惑をおかけして」と息を抑えるようにして、息子さんが言った。

その間も母親は、友人の後ろに隠れるようにして息子さんを睨《にら》んでいたという。結局、若い友人は「一人では絶対に乗らない」と言い張る母親に付き添って、一緒に病院まで送っていった。

それまでに、どれだけ良好な親子関係を築いていたとしても、介護は一筋縄ではいかない。その息子さんも、母親から「殺される」と言われ、いたたまれなかっただろう。

何か意見を言うでもなく、双方から話を聞いて、寄り添った友人の判断は正しかった。

介護には第三者が絶対必要だと思う。

自宅で介護していたとしても、デイサービスやショートステイ、あるいはホームヘルパーなどをうまく使って、誰か他人に介入してもらったほうがいい。たとえば、要介護1（食事の準備や買い物をするなど日常生活の能力が低下、部分的な介助が必要）の人が、日常生活の世話のために１日45分、週４日、ホームヘルパーに来てもらうとする。実質金額を１日１８９０円で計算すると、月に３万２４０円かかる。介護保険によって１割負担の人は３０２４円、２割負担なら６０４８円、３割負担なら９０７２円だ。

これが、重度の認知症や体の著しい衰えなどが見られたりして、介護なしでは日常生活を送ることが難しい要介護４（食事、排泄、入浴、着替えのいずれも全面的な手助けが必要）の場合ならどうだろうか。１日60分、週５日、ホームヘルパーに来てもらうとすると、実質金額で１日５１４０円。週５日で４週間なら月に10万２８００円。１割負担なら、１万２８０円、２割なら２万５６０円、３割なら３万１６８０円だ。

介護保険には利用限度額があり、それぞれ要支援１から要介護５まで、金額が決まっている。この利用額を超えると10割自己負担となるが、「高額介護サービス」の自己負担限度額によって、一定額を超えた分は払い戻しされる。

介護は人を頼むとお金がかかると思い込みがちだが、介護制度をうまく活用することで、金銭的な負担も軽減される。無理をせずに、ケアマネージャーなどに相談するといいだろう。

若い友人は、そのできごと以来、その道を通るたびに親子のことを気にしているが、なかなかチャイムを鳴らすまでには至ってないという。彼のような第三者がいたら、二人にとってはほんの少し、息抜きになるだろう。そして、まだ若い彼も、何かしらを学ぶはずだ。

今度チャイムを鳴らしてごらんと、背中を押そうと思っている。

そうやって互いを支え合えるような慣習は、みんなが楽に生きるためには必要で、客観的な第三者は、時に救いの神になる。

とにかく介護を閉じた小さな輪で完結させてはいけない。

できるだけオープンに、介護し、介護されるほうがいい。

第5章

人は死ぬにもかかわらず

35

死ぬ意味

死は一回だけ。
誰にでもやってくる。
最後まで、
自分の役割を見失わないこと。

死がなかなか来なかったら、辛い

講演をして全国を回っている。ある会場で、70歳くらいの男性が立ち上がって、こんな質問をした。

「最近、仲よくしていた親戚と、親友が亡くなった。どんなにがんばっても、いくらお金を手に入れても、いつか死ぬと思うとむなしくなって、気分がふさぎこむんです。どうしたらいいですか？」

すべての人間に平等に与えられているのが、死。限りある命だからこそ自由に、自分らしく生きたいものだ。

もしも死が来なかったらどうだろう。年を取って体が弱り、好きなことができなくなったのに、あと200年ほど生きなくちゃいけないなんて言われたら、それでも嬉《うれ》しいと思えるだろうか。もういい加減に死にたい、死なせてくれと、わがままを言いそうだ。

ドイツの哲学者ハイデッガーは、「死を引き受けることで退廃に陥ることなく、よりよく生きられる」と言っている。その通りだと思う。

死は人生の総仕上げ。コロナ禍の中で、僕たち社会が抱えていたさまざまな問題が顕在化している。

その一つが死に方に対する自己決定。その時になったらなんとかなるさと人任せにするのではなく、悔いのない人生を全うするためにも、しっかりと死に向き合う練習をしておきたいものだ。

末期の食道がんになった80代のAさんは、僕が回診に行くといつも読書をしていた。

「よく本を読んでますね」と声をかけると、「昨日よりも今日、少しでも成長したいの」とニコニコと柔和な笑みを浮かべた。

彼女の病室には子どもや孫、小学生のひ孫までが、よく顔を出していた。

Ａさんは高校生のお孫さんの手を取りながら、「人生は大変だけど面白いのよ。面白いことがわかるようになるためには、少しだけ努力しないとね」と、しっかりと伝えた。子どもたちには「自分の人生だから好きなように生きなさい」と励ましと感謝を伝えた。

人生の総仕上げをきちんとできたのも、Ａさんがしっかりと自分の死と向き合って、最後の過ごし方を自己決定していたからだ。

「存在している意味」を持つ人は強い

末期がんになっても自分の役割を持ち続けた人がいた。自分たちの経験を新しい乳がん患者さんにピアカウンセリングをしているグループで活動し、荒れた高校からは「命の授業」に呼ばれていた。

末期がんの告知を受けているにもかかわらず、前を向いて、一生懸命に生きている姿に、生徒たちは心を動かされていた。

その人がいよいよの状態になった時、特別に生徒たちが病院に呼ばれた。保健室にたむろして、なかなか授業に出られない生徒たちが代表になって、病室に入った。

彼女は、生徒の手を握りながら、こんな話をした。

「人が死ぬということは、歩けなくなり、ご飯が食べられなくなり、お水が飲めなくなること。当たり前のことが一つずつできなくなることなの。あなたたちは、全部できるでしょう？　今のうちに、やりたいことを精一杯やって、悔いのない人生を歩んでください」

声は小さいけれど、はっきりした口調だった。

「人生にとって一番大切なものは、お金じゃない。自分をさらけ出せる友達がいるってことよ。今、いなくてもいい。人に優しくしていたら、必ずそういう人に巡り会うのよ」

それから30分後、彼女は眠りにつき、そのまま旅立った。

この経験は、生徒たちに大きな影響を与えた。まるで生き返ったように、きちんと教室に行けるようになった。生き方が変わった。生徒にとって素晴らしい経験になったことは間違いない。

だが、実はこの患者さんも、つまずいていた生徒たちのおかげで、最後まで自分が存在する意味を持ち続けることができたのだ。

生きるとは、人のために尽くすこと。最後まで自分の役割を見失わないようにしたいものだ。

36

墓じまいのススメ

もしあなたが墓じまいをするならば、その決断力、財力、持続力に拍手を送りたい。

墓じまいをするか、墓守を続けるか

墓じまいなどで墓を移し替えた例は、厚生労働省による平成30年の調査では、全国でおよそ11万５０００件あった。

ある保険会社のアンケート調査では、自分の墓が無縁化する可能性があると答えた人が半数近くに上った。

僕は、根なし草という意味を持つ、デラシネというフランス語が好き。生みの親の顔も知らない人間だから、ちょっと決断すればすぐにデラシネになれると思って生きてきた。

父と母が亡くなったら、自由になって、医者がいなくて困っているアフリカで医者をやろうと考えていた。年を取ったら日本に帰ってきて、無医村で医者をやれたらいいなと思っていた。

離島か山の中の診療所で働き、朝、村の人がやってきたら、一人静かに死んでいた、なんていう最期がいいなと夢見ていた。

しかし、人生はそう簡単ではない。

人生の途中で自分がもらわれてきた子どもであることがわかり、黙って拾って育ててくれた父と母を守らなければいけないと思った。

母は早く死んだが、父のために丸太小屋をつくった。長さ40メートルものカナダの大木を使って、カナダ人のログビルダーに家を建ててもらった。父の名前をつけ、岩次郎小屋という大きな表札をつくった。

東京から父を迎え入れて、僕の子どもと3世代で10年ほど生活した。

家を建てるという親孝行をしてしまったのだ。

デラシネ失格である。

母が死んだ際には、父が住んでいた東京の杉並とも近く、僕が暮らす諏訪からも行きやすい八王子に墓を建てた。これもデラシネにとっては失敗である。

さらに父は僕の性格を読んで、こう言った。

「自分が死んだら、實は忙しくて墓参りには来ないだろう。宗派なんて関係ない。とにかく實が建てた岩次郎小屋のそばに墓を移してくれ」

父の宗派とは違ったが、近くの寺に墓を移してしまった。

宗派にこだわらなかった父親は、えらいと思った。受け入れてくださった住職もみごとだと思った。

僕は、死んだら墓なんかいらない、イラクの難民キャンプか、チェルノブイリの原発から数百キロ離れたベラルーシの大平原に散骨してくれればいいと思っていたが、今は、父と母が眠る墓に入ることが、最後の親孝行かなと思っている。

ただし、子どもたちには「いつ墓じまいをしてもいいぞ」と言ってある。

お墓よりもつながっている命を思い出すこと

患者さんからも時々、相談がある。一人娘がいるのだが、嫁いだ旦那さんの家の墓参りには行っても、実家の墓参りがだんだん縁遠くなっているという。遠く離れているとなおさらだ。自分が死んだ後の墓が心配だという話だ。

だから、自分の代で墓守も、墓じまいもできない場合には、子どもたちに「墓じまいをしても構わないから」と言っておくことが大事だと思う。

しかし、墓じまいは結構大変なのだ。

墓じまいや墓の移転、散骨などは専門業者がいて、プロがさまざまな手配をしてくれるとはいえ、まず金がかかる。

従来の墓の解体料と原状回復費用、古い墓から魂を抜く閉眼法要、その際に僧侶に渡すお布施や車代。檀家から離れるための離檀料。新しい墓や合祀墓《ごうしぼ》に入る料金。納骨堂でも50万円から100万円が相場という。

自分で墓じまいができた人には、その豪腕に拍手を送りたいと思う。多くの人は、簡単にはできないはずだ。だから、子どもがいない場合には、住職に永代供養をお願いしたり、墓じまいをする勇気を持つことが大事だろう。

墓じまいの大変さを認識しておいて、あとは墓守をするのか、墓じまいをするのか、えいやっと決めればいい。

僕たち人間にとって大事なことは、墓を守るかどうかではなく、ずっとつながっている命について、時々、思い浮かべることだろう。

両親、じいちゃんばあちゃん、その上にいるひいじいちゃんやひいばあちゃん、脈々とつながっている命のことを、時々でいいから振り返ること。

それが、人間が生きる上でとても大切なことだと思う。

37

いろいろな「死」があっていい

死ぬ時も、もっと自由に。葬儀だって、ハチャメチャでいい。

死に方も、もっと自由に

死に方も、葬儀も、墓をどうするかも、もっと自由に選択し、自己決定できたらいいと思っている。

僕が諏訪中央病院を引き継ぐ前の院長で、国会議員をやっていた今井澄《きよし》さんが亡くなる直前にこう言った。

「最期は在宅だよ。鎌ちゃんも僕も、日本の先頭を走って在宅医療を展開してきた。だから、鎌ちゃんに診てもらいたいんだ」

今井先生は、在宅で温かな死をみごとにやり遂げた。

諏訪中央病院の前院長として、病院葬を行った。プロデューサーも司会も僕が務めた。

市民会館で行った葬儀の焼香台には、今井先生が使った聴診器と愛したスキー板が飾られた。

オペラが大好きだった先生の親友であるテノール歌手、川村敬一さんが「アメイジング・グレイス」と「アヴェ・マリア」、さらに先生がもっとも好きだったオペラ「道化師」の中から「衣装をつけろ」を朗々と歌った。3曲の後で、川村さんは「なんで死んだんだよ！」と舞台で怒鳴った。会場中からは盛大な拍手が湧き起こった。いいなあと思った。お別れの式に拍手。

最後の曲は「夏の思い出」。

川村さんが歌っていると、次第に会場の全員が立ち上がり、大合唱になった。歌い終わると、再び大きな拍手になった。

死に方も葬儀も、もっともっと自由でいいと思う。ましてや墓をどうするかなんて、もっと自由になったほうがいい。

自分の入りたいお墓を自由に選べばいい

合祀墓を選んだ人の話をしよう。

大阪と京都の間に住んでいた60歳の女性Yさんは、末期の胃がんで諏訪中央病院に転院してきた。

もともと関西の病院にかかっていたが、再発した後にも詳しい説明がなかったという。そのために自分の人生を決めるのに、とても苦労し、諏訪中央病院にやってきたのだ。

はじめて末期がんであると説明を受けた彼女は、自分の人生が長くないことを納得して、一度、関西の自宅に戻った。

洋裁の仕事で家計を助けていた彼女は、ハサミを入れて途中で止まっている頼まれ仕事があった。ハサミを入れた以上は、仕上げなければならない。そう言って家に戻って仕事を完成させ、自分の持ち物や身の回りを整理して、病院に戻ってきた。

生歌で葬儀

彼女の選択は、諏訪中央病院で優しい医療に包まれて亡くなり、松本にある神宮寺で葬儀を行い、そこにある合祀墓に入りたい、というものだった。神宮寺の住職である高橋卓志さんが行っている全国的なボランティア活動や寺での演奏会などに、Yさんはよく参加していた。

諏訪中央病院で亡くなった後には、神宮寺で葬儀が執り行われた。Yさんが望んだ通り、歌手の「手仕事屋きち兵衛」さんが歌って、音楽葬のようになった。

その後、Yさんの〝作戦〟がだんだんとわかってきた。時々、関西から家族みんなで諏訪中央病院にやってきて、庭で弁当を広げたりしながら、Yさんを偲《しの》んでいた。

娘たちのうちの一人が心の病気を患っていたが、その妹をみんなで連れ出して明るくしていた。母の合祀墓に墓参りに来る度に、残された父、娘たち、そして孫たちが一つのチームになっていた。

将来、娘たちはお母さんと一緒に合祀墓に入りたいと言うかもしれない。誰もがそれぞれに入りたい墓を選べばいい。海や山への散骨や樹木葬といった墓のいらない自然葬でもいい。

それほど苦労せずに、自由に死後を選び、自己決定できる世の中になっていったらとてもいいことだと思う。簡単ではない。でも誰かが少し道を開くと、その後の道は、少しの勇気で選択できるようになる。何代かに渡って、自由の道を切り開いていくことが、多分、大切なのだろう。

38 余命告知

余命半年。
残酷な事実にもかかわらず、
あなたは大切な人に、
大切なことを伝えることができるか。

大切なことだからこそ、伝えるべき

以前、政治評論家の田原総一朗さんと雑誌で対談をした。奥さんの節子さんが亡くなられて、7年経った頃だった。

夫である田原さんに、節子さんが炎症性乳がんであるという告知がされた。残りどれくらいかを尋ねると、長くて半年という答えだった。医師からは「半年では何もできないから、本人に乳がんとは伝えても、炎症性であることは言わないほうがいい」と言われた。病気について何度も節子さんから聞かれたが、田原さんは答えなかったという。

「らしくないですね」と僕は言った。

しかし、手術を終えた後に、彼女は自分で調べて本当のことを知り、田原さんは「ボロクソに怒られた」という。

「半年の命だったら、一日一日を大切に精一杯生きたいじゃないの。私のことをなんだと思ってるの！」

そう言われたという。

残酷な事実に負けない生き方

「僕は間違えていた。炎症性乳がんで半年しかもたないと告知すると、彼女は気落ちして生きる気力を失うんじゃないかと思った。でも本当は僕のほうが怖かったんだよ。男って弱いもんでね。彼女は2番目の女房で、最初の女房も乳がんで亡くした。つまり二人の女房を乳がんで亡くしたわけ。その死に立ち会って、あらためて女性は強いと思いました」

田原さんと節子さんは、二人の共著で『私たちの愛』という本を出版しているが、結婚生活を振り返る中で、節子さんは月経の周期について言及している。本来、人間の生命は月と微妙な関係があったはずなのに、男にはそれが残っておらず、女性の28日周期の月経に残っているにすぎない。けれど、生理を繰り返しているおかげで、女性は落ち込んでも立ち直りが早い。そんな趣旨の文章を残している。

「確かに平均寿命も女性のほうが長いし、医師としても女性のほうが強いと感じています」と僕が言うと、田原さんはこう答えた。

「女性は生理になることによって大自然に合わせるしかない、という気持ちになるんでしょうね。そして、大自然に合わせられることが自信にもなるんですね。男は極めて頼りない。だから男は虚勢を張るんじゃないでしょうか」

節子さんから怒られた後には、二人の間には隠し事が一切なくなり、関係がよくなったという。

厳しい、残酷な事実にもかかわらず、それでも伝えたほうがいいのだ。主人公である本人が知っていることが、とても大事なのだと思う。

きちんと話をしてくれる医者に主治医を変え、すべてを話してもらった後、節子さんから「とても幸せに思う」と言われたとのことだ。

田原さん夫妻の愛のカタチ

田原さんは、テレビの生番組を終えると、いつも節子さんに電話していたのだという。電話をしても80パーセントは、けなされていた。原稿を書いても、必ず最初に見せるのは節子さん。場合によっては文章も変えられてしまう。そうやって二人三脚で生きてきた。

生活から仕事まで、節子さんが田原さんのすべてをサポートしていたが、闘病生活に入ってからは、反対に田原さんが節子さんをサポートし、背中を流してあげたりするようになった。

「僕にとっては楽しかったです。車椅子生活になったんですが、お風呂に入るときにはまず彼女を脱がして、僕も裸になって、抱っこして運ぶわけです。老後の愛ってこういうもんだなと、とても幸せな気持ちでした」

「節子さんも幸せだったんでしょうね？」と僕が聞くと、「老後の愛だねと言ったら、彼女も喜んでくれましたが、本当のところはよくわかりません」と笑った。

節子さんが亡くなった後、なかなか納骨ができずに、3年近く自分のデスクの上に置いていたという。田原さんが言うように、やっぱり男は弱いのかもしれない。

生きていれば、辛いことがある。しかし、どんなに辛い事実も隠さずに、現実を受け止めて、そこから前を向いてしっかり生きることが大切なんだと思う。

39

人生の締めくくり方

自分の人生は、自分で決める。

地域医療は祭りだ

大学を卒業して長野県の諏訪市中央病院に内科医として赴任すると、脳卒中の多い地域だということがわかった。僕は、仕事が終わった後に「健康づくり運動」の講演会を開くことにした。脳卒中で死なない地域をつくるためには、住民とスクラムが組めるかどうかが大事だと思ったのだ。

年間80回の講演会が終わった後には、車座になって茶飲み話をしたり、時には酒を酌み交わしたりもした。本当は苦手だったけれど、でも、すごく喜ばれた。脳卒中を減らすための減塩の講義をたっぷり1時間した後、「さあ、お茶の時間」と言って車座になると、山盛りの野沢菜が出てくる。おかかをかけて、その上にたっぷりと醤油をかける。かけながら、おばさんたちが「これがいけないんだ」と気づく。車座になって一緒にお茶を飲むところから、生活習慣を変える行動変容が起き始めたように思った。

「地域医療は祭りだ！」なんて言いながら、若いドクターたちを連れて、地域の人たちと一緒に祭りを楽しむようにした。

地域医療から人の生き死にを考える

地域医療をしながら、たくさんの患者さんの死を見てきたからか、自分の死を明確にしたいと生きてきた。

葬式のお経は5分以内と住職にもお願いをしていた。寺の境内にテントを設けさせてもらい、僕の好きな蕎麦屋や寿司屋、カレー屋にステーキハウスのシェフを呼んで、みんなに楽しい時間を過ごしてもらおうと考えていた。けれど、この頃から大きな葬式はいらないんじゃないかと思うようになった。中高年を生きているうちに考え方が変わることはよくあることだし、それでいいと思っている。大事なのは、自分の最期を一度きちんと考えておくことだ。

何から何までエンディングノートに準備しなくてもいいのだ。一つだけ、何かを決める。「葬式はこうしてほしい」というのでもいい。あるいは「葬式はいらないよ、家族だけで見送ってくれればいい」と言えば、家族はとても楽になると思う。世間というものがあるから、なかなか残された家族だけでは決められない。葬式が、自分の人生の締めくくり方と思えばいい。

大事なことは、自己決定である。自分の人生を自分で決めること。60代から心の準備をしておくかどうかで、その後の人生は随分、変わるように思う。

40

グリーフケア①　人生の悲嘆

人生には、他人の想像をはるかに超える、大きくて深い悲しみがある。

失ったものに対する悲しみ

脳卒中になって手足の機能を失ってしまった人には、悲嘆がある。がんを告知された人の悲嘆も大きい。自分が逝くよりも先に子どもを亡くした時にも、悲嘆は大きい。

残された人の悲嘆には、幾つかの過程がある。

多くの場合、初めに起きる反応は、事実の否定。つまり、大切な人との死別を受け入れることができない。何かの間違いではないかと、事実を認めたくないという気持ちが起きてくる。

その次に起きるのは、怒りの感情や罪悪感。故人に対して、もっと「こうしてあげればよかった」と自分を責めたりする。むしろ、怒りや罪悪感が全くない人は、無自覚のうちに抑え込んでいるケースが多い。そういう人は、かえって後から、大きな悲嘆に襲われたりする。

次の段階で起きるのが、不眠。ここまで来ると、深刻な悲嘆だ。裏を返せば、どれだけ悲しくても、眠れてさえいれば深みにはまらずに済む。不眠になると、多くの場合、うつ的な傾向が出てくる。うつ病を発症すると、悲嘆から抜け出すことが、いよいよ難しくなる。

東日本大震災被災者の悲嘆

僕は東日本大震災の被災地に通い続けているが、そこで小さなお子さんを亡くしたお母さんに出会った。震災後、そのお母さんが子どもを授かったので、僕は「これで大丈夫。新しい子どもができれば、きっと元気になる」と思った。

ところが、実際にはそうではなかった。

母親としては、生まれてきた子どもの成長は嬉しい。喜びも感じる。

しかし彼女は、ふと、こんなことを言った。

「私がうきうきしていたら、亡くなった子どもに申し訳ないと思う」

これはまさに、罪悪感そのものだ。

悲嘆の深さは、被災していない僕たちの想像をはるかに超えている。

震災から10年近くが経った。

「カマチン、あの時10歳だった長女が成人式。いろいろ、ありがとう」

ふりそで姿の美しい娘の写真が送られてきた。震災後、学校がはじまった時、着る服がないとわかったので10歳の女の子の洋服を買って贈った。親子で、僕のことをカマチンと呼ぶのだ。10年、やっと悲嘆から脱出したね、と思った。

41

グリーフケア②　向き合う

孤立は悲嘆を絶望に変えてしまう。
だから、豊かなつながりが、
グリーフケア＝悲嘆の支えになる。

悲しんでいいんだよ

悲嘆を癒やすために一番大切なのは、自分の気持ちに嘘《うそ》をつかないことだ。

多くの人は、「忘れなければならない。悲しんでばかりではいけない」と考えてしまうが、それは大きな間違い。周囲の人々も、励ますつもりで「忘れなさい」「気持ちを切り替えるといいよ」などと声をかける場合が多い。しかし、こうした考え方は、かえって悲嘆を大きくすることがある。「悲しんでいいんだよ」と声をかけてあげることが大事。

そして、悲嘆の深刻化を避けるためには、笑うことも大切だ。笑うと、空気がいっぱい肺の中に入る。深い呼吸になる。体中の筋肉を動かすことになる。

同じように眠ることも、とても重要だ。夜、眠るためには、朝、太陽の光を浴びること。太陽の光に当たると、幸せホルモンのセロトニンが分泌され、セロトニンが十数時間後にメラトニンという睡眠導入物質に変わる。悲嘆を長引かせないようにするためには、眠れるかどうかがとても大事。

悲嘆を乗り越え、人生を豊かにする

諏訪中央病院の緩和ケア病棟に入院していた、末期がんの30代の女性がいた。ある時、彼女は「焼肉が食べたい」と言った。僕たちは、病院のベランダに炭を持ち込んで、焼肉会をすることにした。彼女の母親は、末期がんの娘だけでなく、「この病棟で希望される方々にも」と提案してくれた。緩和ケア病棟には、それまでもカレーの会があったが、新たに焼肉の会ができた。

末期がんになった本人は悲嘆に追い込まれている。大切な娘が末期がんになった母親も悲嘆に追い込まれている。緩和ケア病棟には、悲嘆に追い込まれた人たちが集まっている。そんな〝同士たち〟が、焼肉の会で励まし合うようになった。しばらくして娘は亡くなった。

母親は、悲嘆から早く抜け出して恩返しがしたいと、東京から諏訪中央病院の近くに移住し、病院のボランティアを買って出てくれた。人との温かなつながりが、この母親の悲嘆を癒やしたと思う。娘だけではなく他の人にも焼肉を食べてもらいたいと思ったり、そのボランティアをしたり、人のために行動することと自体が、最愛の娘を失った後の母親の悲しみを救ったように感じた。

孤立は悲嘆を絶望に変えてしまうことが多い。豊かなつながりは、それ自体がグリーフケア、悲嘆の支えになる。

大切な人の死は辛く、悲しい。しかし、死と向き合うことで、人の優しさや痛み、日常のかけがえのなさ、素晴らしさを感じることができる。悲嘆を乗り越えることが人間的な深みとなり、その後の人生を豊かにしてくれる。

42

どうせ死ぬにもかかわらず

どうせ死ぬなら、死ぬまでどうやって生きるか、その質を考えたい。

あなたの「死の質」は、必ず上げることができる

僕は内科医として46年間、多くの人の死に向き合ってきた。72歳になった今も、毎週、緩和ケア病棟の回診をしている。

ある保育園の園長だった女性は、末期の卵巣がんだった。長くない命であると、告知を受けている。それでも毎日、理学療法士と共に少しでもよくしようと前向きに努力していた。症状が治まっている時には保育園に行き、子どもたちや保育士たちに命の話をしていた。1泊で家族旅行にも行った。緩和ケア病棟は、彼女にとっては死に場所ではなく、生きる場所だった。外出ができなくなっても、彼女はあきらめなかった。

ある日、「ステーキが食べたい」と言い出した。人間が生きる上で、「○○がしたい」という欲求が、一番大事なのだ。

僕はすぐに、被災地に炊き出しに行く時の仲間であるステーキハウス「ピーター」のシェフに連絡をした。彼は避難所でステーキ丼やハンバーグ丼を作ってくれるのだが、今回の調理場は緩和ケア病棟のベランダだった。贅沢《ぜいたく》にも炭火でステーキを焼き出すと、他の患者さんたちも、支えている家族たちも、スタッフもニコニコ顔で匂いにつられてやってきた。ステーキを食べたその女性は、「もう、いつ死が来ても大丈夫」と涙を流しながら言った。

人生の最後の時間の過ごし方は、人生そのものの質に関わってくる。世界ではクオリティ・オブ・デス（Quality of Death）という言葉が注目されている。イギリスの経済誌の調査機関が、世界各国の「死の質」をランキング化しているが、日本は14位。世界最長寿国でありながら、先進国の中では低い順位だ。日本の幸福度ランキングはさらに低い58位だが、僕には死の質と幸福度には相関関係があるように思える。死の質が上がれば、人生の質が高まり、幸福度も上がるのではないかと思っている。

日本人は死について考えることが苦手と言われている。考えることを放棄して子どもに任せてしまい、その時になってみないとわからないという人も多い。しかし、自分の死を曖昧にして人任せにしていると、人生そのものも人任せになってしまわないか。

ここで逆転の発想が大事なのだ。せめて死ぬ時に、延命治療を受けるかどうかとか、葬式はどうするのかとか、暗い話を一つでも決めてしまえば、そこから死ぬまでどうやって生きようかと考えることができるではないか。亡くなる前日まで行きたいところに行き、食べたいものを食べ、ピンピンして暮らすためにはどうすればいいのか、考えるようになる。

どんな風に死にたいかを考えることは、どんな風に生きたいかという問いにつながる。コロナ時代を悔いなく生きるためにも、今から自分の死や家族の看取りについて、考える練習をしておく必要がある。

43

PPHという生き方

ピンピン生きて、ひらりと死のうと考えている。

「ＰＰＨ＝ピンピンひらり」の人生

新型コロナウイルスによるパンデミックで、世界中でたくさんの死者が出ている。女優の岡江久美子さんは入院後、亡くなるまでの17日間に一度携帯電話で連絡を取っただけで、家族と会うことは叶わなかった。伝えたいこともたくさんあったはずなのに。お笑いタレントの志村けんさんも、家族とも誰とも面会することなく亡くなった。新型コロナウイルス感染症による死は、大事な人へ「さようなら」も「ありがとう」も言えない。

長年お笑い界を牽引《けんいん》してきた志村さんは、生前「笑いは切羽詰まった時に生まれるもんだ」と語っていた。生きていたら、この厳しい世の中にどんな笑いをかましてくれただろうか。今こそ、志村さんの笑いがあったらなと思う。

以前、「ピンピンコロリ」という言葉が流行った。なんだかゴキブリコロリみたいで嫌だなと思い、「ピンピンひらり」がいいと考えた。

人間は必ず死ぬ。死ぬからには、最後の最後までピンピン生きて、ひらりとあの世に行けたらいいなと思っている。

そんなおばあちゃんがいたのだ。

96歳で末期がん。明るくて元気で、大の世話好き。子どもや孫たちに慕われ、近所の人からも好かれていた。だから、今わの際には、たくさんの人が集まった。

いよいよ血圧が下がってきた時、「いつお迎えが来てもいい」とおばあちゃんは僕の手を握って言った。おばあちゃんは全部納得していた。

おばあちゃんの意識がないと思って、総勢30名ほどがおばあちゃんとの思い出を枕元でわいわい語っていた。

すると、おばあちゃんが「うるさいなあ」と言った。

こんな茶目っ気、最高ではないか。僕もたくさんの人を看取ってきたが、亡くなる30分ほど前に「うるさいなあ」と言った人はいなかった。

みんなが大笑いした。おばあちゃんが、あったかくて優しい人だということは誰もが知っている。その言葉が嫌味でないことは、よくわかっている。

おばあちゃんの意識があることがわかって、それからみんなは口々によくしてくれたお礼を言った。

臨終の前には五感が少しずつ失われていくが、聴覚は最後まで残ると言われている。おばあちゃんには全部聞こえていたのだろう。

それから静寂があった。下顎呼吸が始まって、徐々に呼吸が弱まった。その時、おばあちゃんが最後に言葉を述べた。

「みんな、ありがとね」

子どもや孫やひ孫たちが、みんな笑って泣いた。

ピンピンひらりだなと思った。

鎌田 實（かまた・みのる）
東京医科歯科大学医学部卒業後、諏訪中央病院へ赴任。30代で院長となり、潰れかけた病院を再生させた。「地域包括ケア」の先駆けを作り、長野県を長寿で医療費の安い地域へと導いた。現在、諏訪中央病院名誉院長、地域包括ケア研究所所長。一方、チェルノブイリ原発事故後の1991年より、ベラルーシの放射能汚染地帯へ100回を超える医師団を派遣し、約14億円の医薬品を支援（JCF）。2004年からはイラクの4つの小児病院へ４億円を超える医療支援を実施、難民キャンプでの診察を続けている（JIM-NET）。東日本大震災以降、全国の被災地支援にも力を注いでいる。ベストセラー『がんばらない』、『鎌田式「スクワット」と「かかと落とし」』ほか著書多数。

スタッフ
カバーデザイン：bookwall
本文デザイン・DTP：木下裕之（kworks）
構成・取材協力：村岡俊也
編集：田村真義（宝島社）
編集協力：吉祥寺事務所

宝島社新書

鎌田式「にもかかわらず」という生き方
（かまたしき「にもかかわらず」といういきかた）

2023年8月24日 第1刷発行

著　者　鎌田 實
発行人　蓮見清一
発行所　株式会社 宝島社
〒102-8388 東京都千代田区一番町25番地
電話：営業 03(3234)4621
　　　編集 03(3239)0926
https://tkj.jp

印刷・製本　中央精版印刷株式会社

Printed in Japan
ISBN 978-4-299-04617-8
First published 2020 by Takarajimasha, Inc.